신앙의 초보에서 성숙으로 나아가는 길

기독교 신앙의
여섯 가지 기초

| **심동섭** 지음 |

쿰란출판사

서문

법조인인 제가 감히 목회를 시작한 지도 벌써 14년이 되었습니다. 그동안 성도님들을 섬기다가 신앙이 자라지 않는 분들을 안타깝게 여기면서 기독교 신앙을 쉽게 소개하는 책자가 있었으면 좋겠다는 생각이 들었습니다.

그러던 차 히브리서 5장 12절에서 6장 2절 말씀에서 믿은 지 오래된 사람들이 성장하지 않는 것을 질책하고 완전한 데로 나아가라고 권면하면서 기독교 신앙의 기초로 죽은 행실을 회개함, 하나님께 대한 신앙, 세례들, 안수, 죽은 자의 부활, 그리고 영원한 심판에 관한 여섯 가지 교훈을 제시하고 있음을 발견하게 되었습니다.

무엇이 기독교 신앙의 기초일까 하는 것은 여러 사람의 관점에 따라 다를 수 있습니다. 그러나 성경 해석은 성경이 하게 하라는 가르침에 따라 히브리서가 말하는 위 여섯 가지를 가르치는 것이 좋겠다는 확신이 들었고, 이에 대하여 제가 섬기는 서초법조타운 양병교회 주일 오전 예배 시간에 여덟 번을 나누어 강해식으로 설교하였습니다.

그 결과 상당히 좋은 반응이 있었고, 이것을 책으로 만들어 초신자 또는 기독교 신앙의 기초를 다시 배우고자 하는 사람에게 도움을 주었으면 좋겠다는 요청이 있어 출판하게 되었습니다. 이 조그만 책이 신앙의 기초를 잡는 데 도움이 되기를 바랄 뿐입니다.

끝으로 원고 교정에 수고해 주신 임주빈 선교사님, 김재윤 강도사님, 그리고 출판을 담당해주신 쿰란출판사 이형규 장로님께 깊이 감사드립니다.

차례

서문 … 2

때가 오래 되었으면 마땅히 선생이 되어야 함에도　　**7**
히브리서 5:12~6:2

I. 신앙의 기초 제1단계: 죽은 행실을 회개함　　**26**
히브리서 6:1~2, 누가복음 3:3~14

II. 신앙의 기초 제2단계: 하나님께 대한 신앙　　**46**
히브리서 10:10~11:6

III. 신앙의 기초 제3단계: 세례들　　**66**
요한복음 1:19~34

IV. 신앙의 기초 제4단계: 안수에 대하여　　**86**
히브리서 9:11~14

V. 신앙의 기초 제5단계: 죽은 자의 부활　　　　　　　　　　**106**
　　　고린도전서 15:50~58

VI. 신앙의 기초 제6단계: 영원한 심판　　　　　　　　　　**126**
　　　요한계시록 20:7~15

완전한 데로 나아가라　　　　　　　　　　　　　　　　　**147**
　　　히브리서 5:12~6:2

기독교 신앙의 **6** 기초

때가 오래 되었으면 마땅히 선생이 되어야 함에도

히브리서 5:12~6:2

1. 성장하지 않는 아이

　제가 어렸을 때 살던 동네에 아이를 끔찍이 사랑하는 어머니가 있었습니다. 아이의 어머니는 시장에서 장사하면서도 아이를 거의 업고 다녔고, 아이가 조금이라도 울면 금방 달려가 "내 새끼" 하면서 아이를 안아주었습니다.

　그러나 아이를 그렇게 사랑하기만 하니 버릇이 나빠지는 것은 당연한 일이었습니다. 아이는 성장하여 제 혼자서 걷게 되자, 동네를 돌아다니면서 휘젓고 다녔습니다. 어른들이 버르장머리가 없다면서 꾸짖으면 아이는 울면서 어머니에게 달려갔고, 어머니는 어른들에게 벌컥 화를 내면서 아이를 두둔했습니다. 동네 어른들은 그런 어머니를 보며 혀를 끌끌 차면서 저러다가는 아이의 버릇을 망치게 될 것이라고 걱정하였습니다. 그러나 아이의 어머니는 어른들의 걱정은 아랑곳하지 않고 여전히 아이를 감싸고돌았습니다.

결국, 아이는 어른들의 우려대로 버릇이 나빠져서 조그만 일이 있어도 칭얼대면서 어머니를 졸라대었고, 어머니는 그때마다 아이를 업어주면서 달래기만 하였습니다. 어머니는 아이가 점점 자라자 무게를 감당할 수 없었고 어느 날 아이를 내팽개치면서 땅바닥에 주저앉아 엉엉 울고 말았습니다. 그것을 보면서 동네 사람들은 안타까운 표정만 지었지 딱히 도울 방법이 없었습니다. 진작 아이의 버릇을 잡아놓아야 하는데, 그 시기를 놓친 것입니다.

이처럼 때가 되었음에도 정신적으로 성장하지 않으면 부모의 근심거리가 됩니다.

이것은 아이의 훈육에 관한 것이지만, 이런 원리는 우리 믿는 사람의 영적 성장에도 그대로 적용됩니다. 우리가 예수님을 믿었다면 시간이 지남에 따라 영적으로 성장해야 합니다. 영적 성장은 우리의 믿음이 참되다는 증거입니다. 우리 주위를 돌아보면, 예수 믿은 지 오래되었지만, 변화가 없는 사람이 있습니다. 신앙생활을 시작하고 시간이 지나면 영적으로 성장해야 하는데, 여전히 어린아이의 수준에 머물러 있는 사람이 있어 우리를 답답하게 합니다.

저는 그런 분을 보면 그 사람이 구원받은 것이 맞는지 의심스럽습니다. 영적 성장은 신학적 용어로 성화라는 말로 표현합니다. 유명한 칼빈 선생님은 예수를 믿어 칭의를 받은 사람은 반드시 성화가 되어야 한다고 했습니다. 칭의와 성화는 너무도 밀접한 것이기 때문에 그 둘을 떼놓을 수가 없습니다. 성화가 없는 칭의는 거짓이고, 칭의가 없는 성화는 있을 수 없습니다. 그런 점에서 저는 영적 성장이 없는 분들이 구원받았는지 의심하는 것입니다.

그러나 안타깝게도 많은 분이 믿는다고 하면서 영적 성장에 대하여 무관심합니다. 어떻게 사람이 자기의 영혼에 관한 일에 그렇게 무관심할 수 있습니까? 우리가 구원받았다는 것은 새 생명을 얻었다는 것이고 생명의 특징은 자라는 데 있습니다. 자라지 않는 사람은 구원받은 것이 아닙니다. 그것은 자기 혼자서 구원받았다고 착각하는 것일 뿐입니다.

2. 때가 오래 되었으면

히브리서 5:12 "때가 오래 되었으므로 너희가 마땅히 선생이 되었을 터인데 너희가 다시 하나님의 말씀의 초보에 대하여 누구에게서 가르침을 받아야 할 처지이니 단단한 음식은 못 먹고 젖이나 먹어야 할 자가 되었도다."

저는 본문을 준비하면서 히브리서 전체를 다시 읽어보았는데, 전에 읽던 것과 또 다른 감동과 깨달음이 몰려왔습니다. 그것은 지금까지 약 1년 10개월에 걸쳐 로마서를 강해하면서 받은 것과 또 다른 무엇입니다. 사람들은 히브리서가 어렵다고 말하지만, 깨닫고 보니 참으로 신비하고 감격스럽습니다. 로마서에 대비하여 말한다면, 로마서가 바울이 자신이 경험한 기독교 진리를 간증하고 있다면, 히브리서는 사도가 깨달은 것이 *아니라* 하나님이 직접 그 진리를 우리에게 전달하신다는 느낌을 받습니다.

그래서 그런지 히브리서의 저자가 누구인지 아직도 밝혀지지 않고 있습니다. 그 내용 면에서는 바울이 저술하였다고 말하기도 하지만, 문체에서 볼 때 바울의 다른 서신과 다르므로 바울의 것으로 보기 어렵습니다. 어떤 초대 교회의 교부는 히브리서의 저자는 아무도 모르고 하나님만 아신다고 했습니다. 저는 그 말을 들었을 때 히브리서가 하나님이 직접 우리에게 주신 것이기 때문에 인간 저자를 알 수 없도록 하신 것이 아닌가 하는 생각이 들었습니다. 그만큼 히브리서가 우리에게 주는 메시지는 강렬합니다.

이제 본문은 그 히브리서의 중간 부분에 해당하는데, 예수 믿은 지 오래되었음에도 신앙의 성장을 보이지 않는 사람을 질책합니다. 5장 12절에서는 믿은 지 오래되었으면 마땅히 선생이 되어야 한다고 말합니다. 우리가 이 구절을 대할 때 예수님께서 선생이 되지 말라고 하신 말씀과 대치되는 것이 아닌가 하는 생각을 할 수 있습니다.

마태복음 23장 8절에 "너희는 랍비라 칭함을 받지 말라. 너희 선생은 하나요, 너희는 다 형제니라"고 했습니다.

그러나 예수님이 말씀하신 것과 히브리서의 말씀이 서로 다른 것이 아닙니다. 예수님이 말씀하신 것은 남을 섬길 마음도 없이 랍비, 다시 말해서 선생이라고 칭함을 받기 좋아하는 서기관들과 바리새인들의 위선을 지적한 것입니다. 반면에, 본문의 말씀은 우리가 복음 진리를 알고 확신하였다면, 그것을 다른 사람에게 전하고 가르쳐야 한다는 것을 강조하는 것입니다. 따라서 여기서 가르친다는 것은 남으로부터 존경을 받기 위한 것이 아니라, 섬기기 위한 것이기 때문에 그 둘 사이에 모순되는 것이 전혀 없습니다.

그러면 여러분에게 묻습니다. 여러분은 기독교의 진리를 남에게 전하고 또 가르치고 있습니까? 아니면, 여러분만 알고 즐기고 있습니까? 저는 믿지 않는 사람에게 묻는 것이 아닙니다. 믿는다고 하는 여러분에게 묻습니다. 만일 여러분이 기독교의 진리를 깨닫고 구원받았음을 확신하면서도 그 진리를 다른 사람에게 전하고 가르치지 않는다면, 그것은 아는 것이 아닙니다. 그런 사람은 진지하게 자신이 구원받았는지 스스로 점검해야 합니다. 여러분이 진실로 예수를 믿는다면 아이들에게 복음을 가르쳐야겠다는 열정이 있어야 합니다. 만일 여러분이 그런 열정이 있다면 여러분은 예수 안에서 살아 있다는 확실한 증거를 가지고 있습니다.

히브리서 5장 13~14절 "이는 젖을 먹는 자마다 의의 말씀을 경험하지 못한 자요, 단단한 음식은 장성한 자의 것이니 그들은 지각을 사용함으로 연단을 받아 선악을 분별하는 자들이라."

어린아이는 젖을 먹지만, 어른은 단단한 식물을 먹습니다. 젖은 먹기 편하지만, 어른들에게 필요한 영양소를 제공해 주지 못합니다. 어린아이는 스스로 판단할 능력이 없으므로 부모나 어른의 판단에 의존합니다. 그러나 어른은 자기 스스로 사리를 분별하여 판단할 줄 압니다.

그와 같은 원리는 영적 세계에도 그대로 적용됩니다. 사도는 우리가 영적으로 어린아이인지 어른인지를 판정하는 기준으로 의의 말씀을 제시합니다. 의의 말씀을 경험하였다면 어른이고, 그것을 경험하지 못하였다면 어린아이입니다. 따라서 우리가 여기서 주목해야 할 것은 의의 말씀입니다.

그렇다면 의의 말씀이란 무엇을 말합니까? 이것을 이해하려면 히브리서 전체를 읽어야 합니다. 여기서 의의 말씀이라는 것은 우리를 의인으로 만들어 주는 하나님의 말씀이라는 뜻입니다. 따라서 여기서 _"의"_ 라는 개념이 매우 중요합니다.

그러나 우리는 "의"에 대하여 관심이 거의 없습니다. 여러분은 "의"에 대하여 관심을 가진 적이 있습니까? 다시 말해서 어떻게 하면 의인이 될 수 있는지에 대하여 관심이 있습니까? 아마 거의 없었을 것입니다. 오늘날 우리의 문제는 "의"에 대해서는 관심이 없고 복에 대하여만 관심이 있다는 것입니다. 만일 누군가가 여러분들에게 왜 예수님을 믿느냐고 묻는다면 대개 대부분의 사람은 복을 받기 위함이라고 말할 것입니다. 그 말이 완전히 틀렸다고 말할 수는 없지만, 매우 불완전합니다. 우리가 복을 받기 위해서는 먼저 의인이 되어야 합니다. 하나님은 죄인에게 복을 주시지 않습니다. 죄인을 반드시 벌하고 의인에게만 복을 주십니다.

그러나 제가 보기에 오늘날 교인들은 하나님이 의인보다는 죄인을 더 사랑하는 것으로 착각하는 것 같습니다. 아마도 예수님께서 "나는 죄인을 부르러 왔지, 의인을 부르러 온 것이 아니라"고 하신 말씀을 오해한 것 같습니다. 이 말씀은 의인이 아니면서 의인인 것처럼 착각하는 바리새인을 향하여 경고하신 말씀입니다. 그런 바리새인보다는 자기의 죄를 인정하는 죄인이 하나님의 나라에 더 적합하다는 말씀이지, 죄인이라야 천국에 간다는 뜻이 아닙니다.

그런데도 오늘날 교인들은 이 말씀을 곡해하여 죄인도 천국에 갈 수 있는 것처럼 착각합니다. 아닙니다. 죄인은 절대로 천국에 들어갈 수 없습니다. 우리가 천국에 들어가려면 반드시 죄를 씻고 의인이 되어야 합니다. 이것을 모른다면 그런 사람은 아직 기독교의 초보도 모르는 사람이라고 할 수 있습니다. 다시 말해서 그는 아직 젖도 못 뗀 어린아이일 뿐입니다.

의라는 개념은 성경의 핵심 주제입니다. 성경 전체를 통틀어서 말하고자 하는 것은 우리가 어떻게 의인이 될 수 있느냐 하는 것입니다. 욥은 욥기 9장 2절에서 "인생이 어찌 하나님 앞에서 의로우랴?"라고 말하면서 절규하였습니다. 우리는 사람 앞에서는 의롭다고 말할 수 있습니다. 그러나 하나님 앞에서는 어림도 없습니다. 비록 우리가 사람 사이에서는 내가 너보다 낫다거나 더 의롭다고 말할 수 있겠지만, 하나님 앞에서는 그런 말이 통하지 않습니다.

하나님은 빛이십니다. 그것도 완전한 빛이십니다. 빛의 근원이십니다. 그분의 밝은 빛 아래에서는 조그마한 얼룩도 용납되지 않습니다. 이제 그 하나님 앞에서 내가 아무런 흠결이 없는 사람이라고 누가 감히 말할 수 있겠습니까? 그런데 구약의 사람들은 자신이 율법을 지켜 의인이 될 수 있다고 믿었습니다. 예를 들면, 신명기 8장 1절에서 "내가 오늘 명하는 모든 명령을 너희는 지켜 행하라. 그리하면 너희가 살고 번성하고 여호와께서 너희의 조상들에게 맹세하신 땅에 들어가서 그것을 차지하리라"고 말씀하셨습니다. 그래서 그들은 율법을 지키기를 힘씁니다. 여러분이 이스라엘의 역사를 보면 그들이 얼마나 율법에 대하여 관심이 많은지 잘 알 수 있습니다. 특히 바리새인들과 서기관들은 율법을 지키기 위하여 몸부림쳤습니다.

그러나 율법을 지켜 완전해지고자 하는 사람은 율법 전체를 지켜야 합니다. 율법 일부를 지킨다고 해서 의인이 되는 것이 아닙니다. 우리가 형법의 조문 전체를 어겼다고 해서 처벌받는 것이 아니라 그 하나라도 어기면 조사를 받고 법정에 서게 되는 것과 같이 율법은 그 하나라도 어기면 죄인이 됩니다. 그러니 우리에게는 율법을 지킬 능력이 없습니다. 율법은 좋은 것이지만, 우리가 지킬 능력이 없기 때문에 율법의 약속은 그림의 떡이 되고 말았습니다. 그래서 로마서 8장 3절에서 율법은 육신이 연약하여 그 목적을 이룰 수 없다고 하였습니다. 안타깝게도 율법은 좋은 것이지만 우리에게 구원을 주지 못합니다.

그러나 율법이 할 수 없는 그것을 하나님은 하십니다. 하나님은 우리를 의인으로 만드실 방법을 알고 계십니다. 그것은 예수 그리스도를 믿는 믿음입니다.

그래서 로마서 8장 3~4절은 이렇게 말합니다.

> "율법이 육신으로 말미암아 연약하여 할 수 없는 그것을 하나님은 하시나니 곧 죄로 말미암아 자기 아들을 죄 있는 육신의 모양으로 보내어 육신에 죄를 정하사 육신을 따르지 않고 그 영을 따라 행하는 우리에게 율법의 요구가 이루어지게 하려 하심이니라."

이 말씀이 이해되고 믿어져야 의의 말씀을 경험하는 것입니다. 그렇지 않고 자기 힘으로 의로워지려는 사람은 의의 말씀을 경험하지 못한 사람입니다. 그런 사람은 사람 앞에서는 착한 사람일 수도 있지만, 하나님 앞에서는 여전히 죄인일 뿐입니다. 그는 여전히 영적 어린아이일 뿐입니다.

    이제 히브리서는 이것이 어떻게 그렇게 된 것인지를 풀어 설명하고 있습니다. 우리가 이것을 알기 위해서는 구약의 제사 제도를 먼저 이해해야 합니다. 그래서 히브리서에서 구약의 성막과 제사 제도에 대하여 상세히 설명합니다. 구약에서는 소나 양과 같은 동물로 희생 제사를 드렸습니다. 그것은 율법을 범한 우리 대신 동물이 대신 죽임을 당하는 것입니다. 하나님은 그렇게 우리 대신에 동물이 희생당함으로써 우리의 죄를 씻을 수 있는 은총을 주셨습니다.

    그러나 동물의 제사가 어떻게 완전할 수 있습니까? 죄를 지은 것은 인간인데, 어떻게 소나 양과 같은 동물이 인간을 대신하여 죽을 수 있습니까? 그런 것으로는 인간의 죄를 대신할 수 없습니다. 만일 그것이 가능하다면, 소나 양을 얼마든지 댈 수 있는 부자는 얼마든지 죄를 지어도 되고 가난한 사람만 억울하게 된다는 말이 나올 것입니다.

    여러분에게는 이것이 중요한 문제가 아닌 것으로 보일지라도 하나님에게는 매우 심각한 문제입니다. 왜냐하면 하나님은 완전히 의로우시기 때문입니다. 완전히 의로우신 하나님은 흠이 있는 동물 제사를 완전하다고 말할 수 없습니다. 만일 그것이 완전하다고 말한다면, 우리는 하나님이 완전히 의롭다고 말할 수 없습니다. 우리는 "하나님은 인간을 편애하신다, 하나님의 의는 선택적이다"라고 말할 것입니다. 그러나 하나님에게는 이런 것이 용납되지 않습니다. 누가 하나님을 향해 비난해서라기보다는 하나님 자신의 성품상 그런 것이 용납되지 않습니다. 다시 말해서 하나님 자신이 그런 것을 용납하지 않습니다.

그래서 히브리서에서는 동물의 제사는 장차 나타날 더 나은 제사에 대한 모형 또는 그림자라고 말합니다. 그렇다면 그 원형이란 무엇입니까? 예, 그렇습니다. 히브리서가 말하는 원형은 우리 주 예수 그리스도입니다. 예수님은 하나님의 아들이시지만, 인간의 몸을 입고 오셨습니다. 예수님은 하나님이시지만, 우리와 같은 모양을 가지고 인간의 몸으로 태어났습니다. 그리고 우리를 대신하여 십자가를 지심으로 우리를 위한 희생 제물이 되었습니다. 이제 그 예수님을 믿는 사람은 죄인이 아니라 의인이 되는 것입니다. 그는 죄인이지만, 예수 그리스도의 의를 힘입어 의인으로 불리게 되었습니다. 이것을 신학적으로는 예수님의 의가 우리에게 전가된다고 말하기도 합니다.

여러분은 이런 진리가 따분하게 느껴집니까? 혹은 나와는 별로 상관이 없다고 느껴집니까? 만일 여러분이 그렇게 느낀다면 여러분은 영적 어린아이에 불과합니다. 여러분이 얼마나 오랜 기간 동안 믿었는지는 상관이 없습니다. 이제 히브리서 본문은 바로 그런 사람들을 질책하고 있는 것입니다.

그러나 예수 십자가 사건을 말하면 가슴이 떨리고, 내가 죽어야 하는데, 그분이 나를 대신하여 죽은 것이라고 진심으로 믿는 사람은 그리스도의 초보를 졸업한 사람입니다. 그는 기독교의 기초 진리를 아는 사람입니다. 그는 히브리서 5장 13절의 말씀대로 의의 말씀을 경험한 사람입니다. 13절의 말씀대로 연단을 받아 지각을 사용하여 선악을 분별하는 사람입니다. 선악을 분별한다는 것은 무엇이 옳고 그름을 알고서 악을 버리고 선을 행한다는 뜻입니다.

그런데 여기서 중요한 것은 연단을 받는 것입니다. 연단이라는 헬라어 '굼나조'에서 김나지움, 체육관이라는 말이 나왔습니다. 원어의 뜻은 벌거벗는다는 것입니다. 그리스에서는 운동선수들이 시합이나 운동을 할 때 벌거벗고 했습니다. 그래서 그 말에는 훈련이라는 뜻이 포함되어 있습니다. 그것은 단순한 훈련을 말하는 것이 아니라, 땀이 비 오듯 젖는 그런 훈련을 말합니다. 우리의 신앙은 그렇게 의의 말씀으로 연단 받아야 합니다.

의의 말씀을 머리로 아는 것으로는 부족합니다. 그것이 우리의 삶과 행동으로 나타나야 합니다. 입으로만 신앙을 고백하면서 행동으로 나타나지 않는다면 그것은 아는 것이 아닙니다. 우리는 그런 것을 위선이라고 부릅니다. 예수의 십자가를 믿는다는 것은 어떠한 일이 닥치더라도 십자가 신앙을 굳게 붙잡는 것을 말합니다. 칼이나 총의 위협 앞에서도 굴복하지 않고 예수님이 주님이라고 고백하는 것입니다. 그래야 장성한 사람이라고 말할 수 있습니다.

제가 일전에 수험생에 비유하여 말씀드렸습니다. 저의 학창 시절에 시험을 치고 나면 "아, 아는데, 틀렸다" 하면서 아쉬워하는 친구가 있었습니다. 그러나 그것은 아는 것이 아닙니다. 안다고 착각한 것일 뿐입니다. 안다는 것은 그 지식이 나의 머리와 가슴에 박혀 있어야 아는 것입니다. 수험장이란 언제나 가슴이 떨리는 곳입니다. 대학 시험장, 사법고시 시험장, 이런 시험장은 인생에 있어서 *자주 경험할 수 있는 장소가 아닙니다.* 한번 놓치면, 1년 후에나 다시 칠 수 있는 것이기 때문에 그런 시험장에서는 누구라도 떨리게 되어 있습니다. 그런 장소에서 떨리지 않는다고 말할 강심장은 아무도 없습니다. 떨리지 않게 하는 것은 오직 한 가지입니다. 그것은 평소에 계속하여 연단하는 것입니다. 반복하여 훈련하고 반복하여 암기하여 자다가도 일어나서 입에 나올 수 있을 정도가 되어야 합니다. 그 정도가 되었을 때 안다고 말할 수 있습니다.

그러므로 중요한 것은 훈련입니다. 반복하여 훈련하는 것이 우리가 아는 지식을 완벽하게 만듭니다. 우리가 복음 진리를 머리로 아는 것은 소용이 없습니다. 그것을 가슴 깊이 새겨야 하는데, 그렇게 가슴 깊이 새기기 위해서는 반복 훈련을 해야 합니다. 군대를 다녀온 남자 분들은 잘 아실 것입니다. 군인들은 매일 같은 동작을 반복하여 훈련합니다. 몸에 완전히 *배일* 때까지 훈련합니다. 전쟁은 얼마나 급박한 상황입니까? 수험장보다도 더 급박한 상황이 전개됩니다. 그런 곳에서는 총 쏘는 것을 안다는 것으로는 소용이 없습니다. 총 쏘는 것이 자기 몸에 완전히 *배일* 때 안다고 말할 수 있습니다. 그렇게 몸에 완전하게 *배이게* 할 때까지는 피눈물 나는 반복 훈련을 해야 합니다. 그래서 훈련장에 가보면 "훈련에서 흘리는 땀 한 방울이 전쟁에서 피 한 방울"이라는 말을 써 붙여 놓은 것입니다. 땀은 곧 피입니다.

3. 기독교의 여섯 가지 기초 진리에 대하여

그렇다면 우리는 무엇을 반복 훈련해야 합니까? 의의 말씀입니다. 의의 말씀이란 곧 그리스도의 십자가의 도입니다. 이 그리스도의 도에 대해 히브리서 6장 1절에서는 여섯 가지 기초 진리를 제시하면서 이렇게 말합니다.

> "그러므로 우리가 그리스도의 도의 초보를 버리고 죽은 행실을 회개함과 하나님께 대한 신앙과 세례들과 안수와 죽은 자의 부활과 영원한 심판에 관한 교훈의 터를 다시 닦지 말고 완전한 데로 나아갈지니라."

첫째는 죽은 행실을 회개함이고, 둘째는 하나님에 대한 신앙이고, 셋째는 세례들이고, 넷째는 안수이고, 다섯째는 죽은 자의 부활이고, 여섯째는 영원한 심판에 대한 교훈입니다. 여러분은 이 기초 진리를 제대로 아십니까?

이 기초 진리를 제대로 안다면 어린아이의 단계를 벗어난 것이고,

아직도 그것을 제대로 알지 못하면 어린아이일 뿐입니다. 여기서 중요한 것은 제대로 아는 것입니다. 머리로만 아는 것이 아니라 가슴으로 아는 것입니다.

우리가 신앙생활을 한다는 것은 영적 전쟁을 치르는 것입니다. 우리의 신앙생활은 결코 안락한 가운데 있는 것을 용납하지 않습니다. 우리 앞에는 얼마나 많은 유혹이 있고 우리를 대적하는 사탄의 속임수가 얼마나 많이 있습니까! 우리가 그런 것을 물리치고 십자가의 도를 붙들려면, 정신을 바짝 차려야 합니다. 적당히 아는 것으로는 안 되고 가슴 깊이 심어놓아야 합니다. 자다가 깨었을 때 자동으로 튀어나와야 합니다. 우리의 무의식에 박혀 있어야 합니다. 그 정도가 되어야 진리를 아는 것이라고 말할 수 있습니다.

그러나 여러분들을 살펴보면 정말 피상적으로 알면서 안다고 착각하는 분들이 많이 있습니다. 그렇게 착각하고 *있으니* 신앙이 성장하지 않습니다. 히브리서가 제시하고 있는 신앙의 첫 단계인 회개만 하더라도 그렇습니다. 여러분은 회개가 무엇인지 알고 계십니까? 우리 심 다니엘 선교사님께서 수요 예배 시간에 회개에 대하여 여러 번 말씀해주셨습니다. 여러분은 그 말을 들을 때는 회개가 무엇인지를 깨달았을 것입니다. 실제로 어떤 분은 아, 회개가 무엇인지 이제야 제대로 정리가 된다고 말했습니다. 그러나 여러분은 그것을 다른 사람에게 자신 있게 설명할 수 있습니까? 그것을 자신 있게 설명할 수 없다면 아는 것이 아닙니다. 왜냐하면 히브리서 5장 12절에서 때가 오래되었으면 마땅히 선생이 되어야 한다고 말하고 있기 때문입니다. 그 말의 뜻은 다른 사람에게 자신 있게 가르칠 수 있어야 한다는 것입니다. 여러분들이 회개에 대하여도 제대로 말하지 못한다면, 어떻게 기독교의 기본진리를 말할 수 있습니까? 그것을 남에게 제대로 설명하지도 못하면서 기독교의 기본진리를 논하는 것은 그냥 개똥철학이고 잘난 척하는 것일 뿐입니다.

그렇다면 우리가 어떻게 하면 기독교의 기본진리를 제대로 알 수 있습니까? 그것을 제대로 아는 것은 반복하여 훈련하는 것뿐입니다. 그리스도의 도는 인간의 지식을 초월합니다. 인간의 지식 체계를 버려야 이해할 수 있습니다. 여러분은 십자가의 도를 들었을 때 감격한 경험을 가지고 있을 것입니다.

그러나 그 감격이 얼마나 오래 지속되던가요? 그 십자가의 감격이 평생 지속되었으면 좋겠지만, 그렇지 않습니다. 만일 우리가 그 십자가의 감격을 평생 지속하여 가질 수 있다면, 우리도 사도 바울처럼 되었을 것입니다. 그러나 우리는 곧 잊어버립니다. 예배에 참석하여 설교를 들을 때는 가슴이 뭉클해지고, 심지어 주님을 위하여 죽으리라는 결심도 하지만, 그와 같은 마음은 교회를 벗어나면 이내 사라집니다. 설교의 제목도 기억나지 않습니다.

그 이유는 우리 마음속에 복음과는 다른 세상의 지식 체계가 박혀 있기 때문입니다. 그 지식 체계를 *바꾸지 않은 채* 설교를 듣는 것은 아무 소용이 없습니다. 한때 _은혜를 받는 데 그칠 뿐_ 나의 삶을 바꾸지 못합니다. 나중에는 십자가의 도를 들어도 마음이 무덤덤해집니다. 그것은 목사가 설교 시간에 그냥 하는 말처럼 들리고 나와는 _상관없는 이야기처럼_ 느껴집니다. 성경은 그런 사람을 향하여 마음이 완악하다고 말합니다. 그래서 마음의 가죽을 벗겨내라고 말합니다. 마음의 가죽을 벗기고 새 사람을 입어야 합니다. 에스겔 36장 26절의 말씀대로 살처럼 부드러운 마음을 주셔야 비로소 깨달을 수 있습니다.

이제 우리가 살처럼 부드러운 마음을 가지기 위해서는 두 가지가 필요합니다. 첫째는 주님께서 우리에게 성령을 부어주시는 것이고, 둘째는 우리가 의의 말씀을 끊임없이 반복하여 훈련하는 것입니다. 다시 말해서 십자가의 도를 계속 반복하여 듣고 암기하고 그래서 자다가 벌떡 깨어나도 말할 수 있을 정도로 훈련하는 것입니다. 그 정도가 되어야 비로소 온전히 알았다고 할 수 있습니다.

그래서 저는 앞으로 여섯 번에 걸쳐 기독교의 기초 진리에 대하여 말씀드리고자 합니다. 여러분은 이렇게 쉬운 것을 또 설교하느냐고 말하지 마십시오. 여러분이 그 정도로 말할 수 있으려면 남에게 말할 수 있어야 합니다. 그러나 제가 보기에는 회개에 대하여도 남을 가르칠 수 있는 사람은 그렇게 많지 않습니다. 여러분은 아직도 기독교의 초보 단계를 졸업하지 못하였습니다. 이는 여러분의 책임이기도 하지만, 목사인 제게도 책임이 있습니다. 그래서 이 여섯 가지 기독교의 기본진리를 반복하여 가르치고자 합니다.

4. 맺는말

히브리서 6장 2절에서 때가 되었으면 우리가 그리스도의 초보를 버리고 완전한 데로 나아가야 한다고 합니다. 여기서 말하는 완전한 데가 무엇입니까? 그것은 로마서 12장 1절에서 말하는 우리 몸을 산 제사로 드리는 것입니다.

> "그러므로 형제들아, 내가 하나님의 모든 자비하심으로 너희를 권하노니 너희 몸을 하나님이 기뻐하는 거룩한 산 제물로 드리라. 이는 너희가 드릴 영적 예배니라."

여러분이 십자가의 도를 깨달았다면, 그렇게 해야 합니다. 그러나 십자가의 도를 안다고 하면서 자신의 몸을 하나님께 산 제사로 드리겠다는 마음이 없는 사람은 믿는 것이 아닙니다. 여러분은 이것을 분명히 해야 합니다. 적당히 믿어서 구원받겠다, 그런 일은 없습니다. 믿되, 목숨을 걸고 믿어야 합니다. 물론 그것은 우리 힘으로 되는 일이 아닙니다. 의의 말씀을 경험하고 또 성령께서 우리를 인도해

주셔야 합니다.

 이제 저와 함께 기독교의 기초 진리를 배우면서 여러분의 신앙이 그렇게 성장하기를 바랍니다. 의의 말씀을 경험하여 여러분 자신을 하나님께 산 제물로 드리는 그런 경지에 이르기를 주님의 이름으로 부탁드립니다.

기독교 신앙의 기초

I. 신앙의 기초 제1단계: 죽은 행실을 회개함

히브리서 6:1~2, 누가복음 3:3~14

1. 영적 성장의 기준

우리는 먼저 히브리서 5장 12절에서 6장 2절을 중심으로 우리의 신앙은 계속하여 성장해야 함을 살펴보았습니다. 우리의 신앙이 살아있다면 계속 성장해야 합니다. 그렇다면 우리는 어디까지 성장해야 합니까?

히브리서 6장 2절은 그리스도의 도의 초보를 버리고 완전한 데까지 나아가야 한다고 말합니다. 여기서 완전한 데란 우리 몸을 하나님께 산 제물로 드릴 수 있는 단계를 말한다고 말씀드렸습니다. 이것을 좀 더 구체적으로 말한다면, 예수님과 같은 수준의 인격이 되는 것이 우리의 최종 목표입니다. 물론, 우리가 육신의 몸을 입고 있는 동안에는 결코 예수님의 수준까지는 나아갈 수 *없습니다*. 아니, 우리가 천국에서 새로운 몸을 입는다고 하더라도 그 목표는 달성할 수 없을지도 모릅니다. 예수님은 하나님이시고 우리는 피조물이기 때문에 우리가 결코 넘을 수 없는 분명한 차이가 존재합니다.

그러나 예수님이 인간의 몸을 입고 오신 것은 우리가 완벽하게 예수님처럼 될 수는 없다고 하더라도 그에 근접하게 갈 수 있다는 것을 뜻합니다. 그러므로 우리는 불완전하더라도 예수님을 목표로 계속 나아가야 합니다. 그런데 사도는 *5장 12절*에서는 때가 되었으면 우리가 마땅히 선생이 되어야 한다고 말하고 있습니다. 그 말은 예수님처럼 완전하게 되지 못할지라도 적어도 복음을 다른 사람에게 전하고 가르칠 수 있어야 한다는 것입니다. 말하자면 우리에게 중간 목표를 제시하고 있습니다. 여기서 선생이 된다는 것은 *바리새인처럼* 다른 사람 위에서 군림하라는 것이 아니라, 복음으로 이웃을 섬긴다는 것을 뜻한다고 말씀드렸습니다. 우리가 신앙생활을 시작했다면, 적어도 남에게 복음을 전하고 가르칠 수 있는 수준까지는 되어야 합니다.

우리가 그렇게 되기 위하여 히브리서 6장 1절은 우리에게 그리스도의 초보를 버리라고 말합니다. 그 말이 초보가 필요 없다는 것이 아니라, 초보에만 머물러 있지 말고 계속 성장하여 더욱 높은 단계로 나아가라는 뜻입니다.

그런데 우리가 더 높은 단계로 성장하려면 초보를 철저하게 익혀야 합니다. 모든 운동이나 학문은 기초가 잘 되어 있어야 더 높은 단계로 올라갈 수 있습니다. 그렇지 않으면 중간에서 헷갈려 좌절하고 맙니다. 또한 롯데 타워와 같은 초고층 건물을 지을 때는 기초를 더욱 단단히 해야 합니다. 기초를 다져놓지 않으면 높이 지을수록 더욱 붕괴의 위험이 커집니다. 우리의 신앙은 세상의 어떤 학문이나 철학, 건물보다도 더 고귀합니다. 그런 것들은 이 세상에 살 때만 문제가 될 뿐입니다. 그러나 신앙은 이 세상에서 유익할 뿐만 아니라 다음 세상, 영원한 세계에서도 문제가 됩니다. 그래서 우리는 다른 어떤 것보다도 신앙의 기초를 더욱 잘 다져야 합니다. 그렇지 않으면 나중에 크게 후회하게 될 것입니다.

이제 히브리서에서는 우리 신앙의 기초를 여섯 가지로 제시하고 있는데, 첫째는 죽은 행실을 회개함, 둘째는 하나님께 대한 신앙, 셋째는 세례들, 넷째는 안수, 다섯째는 죽은 자의 부활, 여섯째는 영원한 심판입니다. 우리가 이 여섯 가지 기초 진리를 잘 다져놓았다면, 더 높은 단계의 신앙에 들어갈 수 있습니다. 더 높은 단계는 무엇을 말합니까? 예수님처럼 모든 것에 자유하고, 모든 것에 속박되지 않고 영원한 기쁨을 누리는 것을 말합니다.

저는 여러분의 신앙이 그 정도에 이르기를 바라지만, 그 정도는 아니더라도 적어도 남에게 복음을 전하고 가르치는 수준이 되기를 바랍니다. 오늘부터 그 여섯 가지 기초를 알아볼 것인데 첫째로 죽은 행실을 회개함입니다.

2. 죽은 행실을 회개함

오늘날 교인들은 회개라는 말을 듣기 싫어합니다. 목사가 죄에 대하여 말하면, 또 그런 설교를 하느냐면서 따분하게 여깁니다. 신학교에서도 교회가 부흥하기 위해서는 죄에 대하여 말하지 말고 그보다는 축복에 대하여 많이 말하라고 가르치는 교수도 있습니다.

사정이 그렇다 보니 교회의 강단에서 죄를 회개하라는 말씀을 *듣기가 점점 어려워졌습니다.* 성도들도 예수 믿고 잘 된다, 병도 고치고 가난에서 해방된다, 우리에게는 찬란한 미래가 있다는 등 긍정적인 말을 *더 듣기* 좋아합니다. 또 어떤 목사가 한국 교회가 진정으로 부흥하기 위해서는 회개해야 한다고 외치면 그 말을 긍정하면서도 과연 당신은 회개하였는지 따져보려고 합니다. 사실 회개를 외치는 목사 가운데 자신부터 회개해야 할 사람이 너무 많습니다. 또 어떤 사람은 "나는 이미 회개하였는데, 왜 또 회개하라고 말하느냐? 그런 말을 계속하는 것은 예수 그리스도의 약속을 믿지 않는 것이다. 한 번 회개를 했으면 되었지 다시 회개할 필요가 없다"라고 말합니다. 그래서 우리는 회개에 대한 설교를 듣기도 어렵게 되었고, 회개가 무엇인지도 잘 모릅니다.

그러나 회개를 바르게 이해하는 것은 참으로 중요합니다. 어느 정도 중요하냐 하면 우리가 살고 죽는 것이 회개에 달려 있다고 해도 과언이 아닙니다.

먼저 누가복음 3장 3절을 읽어봅니다.

> "요한이 요단강 부근 각처에 와서 죄 사함을 받게 하는 회개의 세례를 전파하니."

여기서 죄 사함을 받게 하는 회개의 세례라고 말하고 있는데, 회개는 죄 사함과 직결됩니다. 우리는 죄 사함을 받아야 합니다. 죄 사함을 받아야 하나님께 갈 수 있습니다. 인간의 모든 문제는 우리가 하나님과 멀어진 데 있고, 하나님께 다시 가기 위해서는 죄 사함을 받아야 하고, 회개가 죄 사함을 가져옵니다.

그래서 회개가 중요합니다. 다시 말씀드립니다. 천주교에서는 인간의 공덕이나 심지어 성인들의 공덕을 빌어서 하나님께 갈 수 있다고 말하지만 그것은 아닙니다. 죄인은 하나님께 갈 수 없습니다. 죄 사함을 받아야 갈 수 있습니다. 죄 사함을 받는 길은 오직 자기의 죄를 자복하고 회개하는 길뿐입니다. 그 외 다른 길은 없습니다. 그래서 누가복음 3장 4~6절은 이렇게 말합니다.

"선지자 이사야의 책에 쓴 바 광야에서 외치는 자의 소리가 있어 이르되 너희는 주의 길을 준비하라 그의 오실 길을 곧게 하라. 모든 골짜기가 메워지고 모든 산과 작은 산이 낮아지고 굽은 것이 곧아지고 험한 길이 평탄하여질 것이요, 모든 육체가 하나님의 구원하심을 보리라 함과 같으니라."

세례 요한은 예수님이 오시기 전 마지막 선지자입니다. 그는 그리스도께서 오실 것을 예언하면서 회개를 외쳤습니다. 성경은 그가 다른 어떤 것보다 회개를 외친 이유가 그리스도께서 오실 길을 준비하기 위함이라고 말합니다. 그 말의 뜻은 회개한 사람만이 그리스도를 맞이할 수 있다는 것입니다. 우리가 그리스도를 만나는 것은 매우 중요합니다. 사람의 인생은 그리스도를 만나느냐, 그렇지 않냐에 따라 결정되기 때문에 이 문제는 매우 중요합니다.

6절에서는 모든 육체가 하나님의 구원하심을 보리라고 했습니다. 여기서 모든 육체란, 누구든지 회개하는 사람을 말합니다. 그 말은 보편적인 모든 인간을 말하는 것이 아니라 오직 회개한 사람만을 말합니다. 그러기 때문에 우리는 다른 어떤 것에 앞서서 회개해야 합니다. 그래야 구원을 받습니다.

그런데 교회를 다니는 여러분들에게 당신은 회개했느냐고 물으면 아마 대부분은 회개했다고 말할 것입니다. 나는 하나님 앞에서 죄인임을 고백하고 예수께서 나를 대신하여 십자가의 고난을 받았음을 믿는다고 말할 것입니다. 그러므로 나는 이미 죄의 용서를 받았다고 말할 것입니다.

그러나 그것이 사실인지, 나 혼자만의 착각인지 진지하게 검토할 필요가 있습니다. 왜냐하면 죄의 용서를 받았다고 하면서도 비참하게 사는 사람이 너무 많기 때문입니다. 죄의 용서를 받은 사람은 그렇게 비참하게, 구질구질하게 살지 않습니다. 그래서 이제 내가 진정으로 회개하고 죄의 용서를 받았는지 차근차근 살펴볼 필요가 있습니다. 먼저 회개의 뜻이 무엇인지 제대로 알아야 합니다.

회개를 히브리어로는 '슈브' 또는 '나함'이라고 하는데, 그 뜻은 후회하고 돌아온다는 의미입니다. 헬라어로는 '메타노이아'라고 하는데, 생각을 완전히 바꾸는 것을 말합니다. 히브리어와 헬라어 사이에는 *의미상의 미묘한 차이가 있지만*, 중요한 것은 회개는 단지 자기 잘못을 뉘우치는 것이 아니라는 것입니다. *뉘우침은* 회개의 시작일 뿐이며, *회개는* 마음이 완전히 변하여 하나님께로 향하는 것을 *의미합니다*. 회개는 단순히 후회하거나 죄책감을 느끼는 것이 아니라 전인격적인 마음과 생각의 변화를 말합니다. 다시 말해서 삶의 방식과 가치관을 완전히 새롭게 바꾸는 것입니다. *세상을 향하던 사람이 완전히 방향을 바꾸어* 하나님께 *나아가는 것을 의미합니다*.

그런 점에서 회개의 한자어는 원어에 충실한 번역이라고 볼 수 있습니다. 한자 회(悔)는 뉘우친다는 뜻이고 개(改)는 고친다는 뜻입니다. 뉘우치고 고치는 것이 곧 회개입니다. 그러므로 회개에는 회와 개의 두 가지 요소가 있습니다. 예를 들면 예수님을 배신한 가룟 유다는 죄책감에 눌려 자살했습니다. 그는 자기를 매수한 대제사장을 찾아가서 그 돈을 집어 던질 만큼 크게 후회하였습니다. 그러나 그는 자신의 마음을 고칠 생각은 전혀 하지 못하였습니다. 다시 말해서 회(悔)는 하였지만, 개(改)는 하지 못하였기 때문에 그것은 회개가 아닙니다.

본문 누가복음 3장 10~14절은 회개가 무엇인지를 잘 말해주고 있습니다.

> "무리가 물어 이르되 그러면 우리가 무엇을 하리이까? 대답하여 이르되 옷 두 벌 있는 자는 옷 없는 자에게 나눠 줄 것이요 먹을 것이 있는 자도 그렇게 할 것이니라 하고, 세리들도 세례를 받고자 하여 와서 이르되 선생이여 우리는 무엇을 하리이까? 하매 이르되 부과된 것 외에는 거두지 말라 하고, 군인들도 물어 이르되 우리는 무엇을 하리이까? 하매 이르되 사람에게서 강탈하지 말며 거짓으로 고발하지 말고 받는 급료를 족한 줄로 알라 하니라."

여러분은 세리가 부과된 것 외에는 거두지 않는 것이 얼마나 힘든 것인지 아십니까? 군인이 남의 물건을 강탈하지 않는 것이 얼마나 힘든 것인지 아십니까? 여러분은 "그까짓 것이 그렇게 어려우냐?"라고 말할지 모릅니다. 그러나 여러분이 그 당시 사회적 배경을 안다면 그렇게 쉽게 말할 수는 없습니다. 세리는 요즘 말로 하면 세무 공무원입니다. 그 자리는 시험을 봐서 가는 것이 아닙니다. 로마 제국은 식민지를 통치하기 위하여 세리 자리를 경매에 붙였고, 가장 높은 가격을 써낸 사람이 그 자리를 차지하였습니다.

문제는 그들에게는 따로 월급이 없다는 것입니다. 로마 당국에서 정해준 세금을 거두고 남은 것은 모두 자기의 것이 됩니다. 세리 자리를 얻기 위하여 얼마나 많은 돈을 들였습니까? 그것을 생각하면 본전이라도 건져야 합니다. 그러기 때문에 세리가 정한 세만 거둔다는 것은 정말 힘든 일입니다. 그것은 사람이 근본적으로 변하지 않으면 불가능합니다. 예수님의 말씀대로 사람이 물과 성령으로 거듭나지 않으면 불가능한 일입니다.

또 군인들은 나라로부터 월급을 받았지만, 늘 충분하지 않았습니다. 점령지의 군인들은 피지배층의 재산을 강압적으로 탈취하였습니다. 때로는 없는 죄를 만들어 고발하고 그것으로 겁을 주고 남의 재산을 뜯었습니다. 그런 사람들이 급료만 가지고 산다는 것은 삶의 자세가 근본적으로 달라지지 않으면 불가능한 일입니다. 사람이 자기의 잘못을 뉘우치기는 쉬워도 고치기는 어렵습니다. 그러나 뉘우치는 것만으로는 회개라고 할 수 없습니다.

그렇다면, 이제 여러분에게 묻습니다. 여러분은 회개하였습니까? 여러분이 제 말을 제대로 이해하였다면, 아직 회개하지 않았다고 대답해야 할 것입니다. 왜냐하면, 회(悔) 즉 뉘우치기는 했지만, 개(改) 즉 고치지는 않았기 때문입니다. 좀 더 정확하게 말하면 지금 회개하는 중이라고 말해야 옳습니다. 그것은 여러분만 그런 것이 아니고 저도 그렇습니다. 저나 여러분 모두 회개 중에 있지, 회개를 완전히 끝낸 사람은 아무도 없습니다.

회(悔)는 일시적으로 끝날 수 있습니다. 내가 과거에 어떠한 죄를 지었는데, "하나님, 후회합니다. 뉘우칩니다. 용서해 주십시오"라고 말할 수 있습니다. 또 우리가 그렇게 우리의 죄를 자백하면 하나님은 용서해 주십니다. 요한일서 1장 9절에 "만일 우리가 우리 죄를 자백하면 그는 미쁘시고 의로우사 우리 죄를 사하시며 우리를 모든 불의에서 깨끗하게 하실 것이요"라고 했습니다. 그러므로 회개하였다고 말하면서 계속 죄 의식에 시달리는 것은 하나님의 뜻이 아닙니다. 회개한 사람은 죄를 용서받은 것을 확신해야 합니다.

그러나 그것이 끝이 아닙니다. *왜냐하면 '개(改)'* 즉 고치는 것이 남아 있기 때문입니다. 여기에 대하여 요한은 누가복음 3장 7~9절에서 이렇게 말합니다.

> "요한이 세례 받으러 나아오는 무리에게 이르되 독사의 자식들아 누가 너희에게 일러 장차 올 진노를 피하라 하더냐? 그러므로 회개에 합

당한 열매를 맺고 속으로 아브라함이 우리 조상이라 말하지 말라 내가 너희에게 이르노니 하나님이 능히 이 돌들로도 아브라함의 자손이 되게 하시리라. 이미 도끼가 나무 뿌리에 놓였으니 좋은 열매 맺지 아니하는 나무마다 찍혀 불에 던져지리라."

요한은 자기에게 세례를 받으러 오는 사람들에게 회개에 합당한 열매를 맺으라, 그렇지 않으면 찍혀서 불에 던져진다고 경고합니다. 그 말은 단지 뉘우치는 것에 그쳐서는 안 되고 그 행실의 열매를 보여야 한다는 뜻입니다.

그렇다면 그 행실의 열매란 무엇입니까? 세리가 정한 세 외에는 거두지 않고, 군인이 정해진 월급 외에는 받지 않는 것입니다. 그러나 그것이 어떻게 쉬울 수 있습니까? 일시적으로 그렇게 할 수는 있지만, 평생 할 수는 없습니다. 회개는 과거의 행실에서 완전히 돌아서는 것을 말합니다. 세상으로 향하던 내가 전적으로 하나님께 돌아서고 그 길로만 가는 것을 말합니다. 그러나 우리 가운데 누가 그 정도로 회개하였다고 말할 수 있습니까? 우리 중에는 아무도 그런 사람이 없습니다. 저도 그렇고 여러분도 그렇습니다.

그래서 우리는 이렇게 말할 수 있습니다. 회개는 죄를 지은 그 순간만 하는 것이 아니라 일평생 하는 것이다! 죄를 지은 그 순간 뉘우치는 것은 할 수 있습니다. 그러나 고치는 것은 한평생, 죽을 때까지 해야 하는 것입니다. 여러분은 이것을 알아야 합니다. 회개는 일순간 하는 것이 아닙니다. 평생 죄와 싸우고 이겨야 하는 것이 회개의 본질입니다. 위대한 신학자들은 이것을 죄 죽임 또는 자기 부인이라는 말로 표현하였습니다.

이제 여러분이 회개의 올바른 정의를 알았다면, 늘 회개해야 함도 알았을 것입니다. 구원받은 성도는 죽을 때까지 늘 회개하는 것입니다.

그런 점에서 구원파는 틀렸습니다. 그들은 우리가 죄를 한 번 회개하고 구원을 확신하였으면, 죄를 모두 용서받았기 때문에 다시 회개할 필요가 없다고 말합니다. 구원받은 이후 죄의식을 느끼는 것은 잘못된 것이라고 말합니다. 그러나 이런 교리는 누가 봐도 잘못된 것임을 금방 알 수 있습니다. 우리가 회개하고 죄 사함을 확신한다고 해서 다시 죄를 짓지 않는 것이 아닙니다. 왜냐하면 우리는 회(悔)는 했지만, 아직도 개(改)라는 열매를 맺지 못하고 있기 때문입니다.

그렇다고 해서 구원을 확신하고 있는 사람이 늘 죄의식에 시달리는 것도 문제입니다. 어떤 사람은 회개하고 예수를 믿는다고 하면서 '나 같은 사람이 어떻게 용서를 받을 수 있을까?'라고 생각하면서 죄의식에 시달리고 있습니다. 대개는 마음이 소심한 사람들에게 그런 경향이 있습니다. 그러나 그렇게 하는 것도 진정한 회개가 아닙니다. 왜냐하면 그렇게 죄의식에 시달리는 것은 예수 그리스도의 십자가의 대속적 죽음을 믿지 않는 것이기 때문입니다.

그러면 어떻게 하는 것이 회개입니까? 저는 진정한 회개는 두 번 우는 것이라고 말하고 싶습니다. 한번은 슬퍼서 울고 한번은 기뻐서 우는 것이 회개입니다. 무슨 말이냐 하면, 우리는 우리의 죄를 생각하면 슬퍼 웁니다.

여기서 죄라는 것은 어떤 특정한 율법의 계명을 어긴 것을 말하는 것이 아니라, 그보다 훨씬 더 깊은 차원의 죄를 말합니다. 그것은 곧 나라는 존재 자체가 하나님과 대적하고 자기 마음대로 살려고 하는 그것을 말합니다. 우리가 그것을 생각하면 슬프지 않을 수 없습니다. 왜냐하면 우리는 그런 상태에 있으면 하나님의 진노의 대상이 되기 때문입니다. 전능하신 하나님의 진노를 받는 것보다 더 비참하고 슬픈 것이 어디 있겠습니까? 문제는 그것을 나 혼자의 힘으로는 고칠 수 없다는 것입니다. 그것을 생각하면 더욱 슬퍼집니다. 그러나 그 순간 십자가를 바라보면서 위로를 받습니다. 그리스도께서는 나와 같이 흉악한 죄인을 위하여 십자가를 지셨습니다. 그것을 생각하면 어떻게 눈물이 나지 않을 수 있겠습니까? 그래서 우리는 감격하여 웁니다.

그래서 한 번은 슬퍼서 울고 한 번은 기뻐서 웁니다. 이렇게 그리스도인의 삶이란 일평생 슬퍼서 울고 기뻐서 우는 것을 반복하는 것입니다. 우리는 그렇게 반복하면서 점점 예수님을 닮아가게 됩니다.

그러기 때문에 회개의 시작과 끝은 믿음입니다. 회개는 믿음에서 시작하고 믿음에서 끝납니다. 회개는 믿음과 같은 뜻은 아니지만, 그 둘은 너무도 밀접한 관계에 있기 때문에 떼놓을 수 없습니다. 그 둘을 떼놓으려는 시도는 믿음도 망가뜨리고 회개도 망가뜨립니다.

이제 그 이유를 설명합니다. 먼저 회개는 믿음에서 시작합니다. 요한은 회개의 열매를 맺지 않은 사람은 찍혀서 불의 심판을 받을 것이라고 경고하였습니다. 그 말을 듣고 많은 사람들이 두려움에 떨면서 요한에게 회개의 세례를 받으려고 나아왔습니다. 그 말은 그들이 요한의 말을 믿었다는 것입니다. 그들이 요한의 말을 믿지 않았다면 그에게 오지 않았을 것입니다. 예를 들면, 요한이 회개의 세례를 베풀자, 대제사장이 사람을 요한에게 보내어 네가 누구냐고 물었습니다. 그들은 믿지 않았기 때문에 회개하러 온 것이 아니라 책잡기 위하여 온 것입니다.

그러나 요한의 말을 믿은 사람은 회개하였습니다. 하나님의 심판이 임박하였다는 그의 말을 듣고 벌벌 떨면서 회개의 자리에 나아왔습니다. 10절에서 무리들은 "그러면 우리가 무엇을 하리이까?"라고 질문했습니다. 그들이 요한에게 그렇게 질문한 이유가 무엇입니까? 그 이유는 그들은 심판이 임박하였다는 요한의 말을 듣고 두려움에 떨었기 때문입니다. 원래 두려움은 믿음의 적입니다. 두렵다는 것은 믿지 않는다는 뜻입니다. 그러나 하나님의 뜻대로 하는 두려움도 있습니다.

이것을 고린도후서 7장 10~11절은 하나님의 뜻대로 하는 근심이라고 말합니다.

> "하나님의 뜻대로 하는 근심은 후회할 것이 없는 구원에 이르게 하는 회개를 이루는 것이요, 세상 근심은 사망을 이루는 것이니라. 보라! 하나님의 뜻대로 하게 된 이 근심이 너희로 얼마나 간절하게 하며 얼마나 변증하게 하며 얼마나 분하게 하며 얼마나 두렵게 하며 얼마나 사모하게 하며 얼마나 열심 있게 하며 얼마나 벌하게 하였는가 너희가 그 일에 대하여 일체 너희 자신의 깨끗함을 나타내었느니라."

임박한 하나님의 진노를 피할 수 있는 길은 단 한 가지뿐입니다. 회개하는 것뿐입니다. 다른 어떤 *것으로도* 하나님의 진노를 피할 수 없습니다. 이것을 믿는 믿음이 있어야 회개의 자리에 나올 수 있습니다. 그래서 회개에는 믿음이 전제됩니다. 하나님의 말씀을 믿지 않으면 회개도 없는 것입니다. 그것은 우리도 마찬가지입니다. 어떤 사람이 회개할 수 있습니까? 영원한 심판이 임박하였다는 것을 믿는 사람만이 회개할 수 있습니다. 그것을 믿지 않는 사람은 회개할 수 없습니다. 지옥의 심판을 믿지 않으면 회개할 수 없습니다. 또한 회개한 사람에게는 죄의 용서를 받고 하나님께 나아가는 길을 약속받습니다. 이것을 믿는 사람만이 소망을 가지고 회개의 자리에 나아오는 것입니다.

회개에 합당한 열매를 맺는 것도 오직 믿는 사람만이 할 수 있습

니다. 우리의 힘으로 어떻게 *회개에* 합당한 열매를 맺을 수 있습니까? 제가 조금 전에 세리와 군인의 예를 들었지만, 그것은 정말 불가능한 일입니다. 그 불가능한 일을 자기 혼자의 힘으로 하다가 결국 율법주의에 빠집니다. 아니면, 이건 절대 불가능하다고 하면서 신앙을 포기해버립니다. 그러나 그것을 가능하게 하는 길이 있습니다. 그것은 믿음으로 하는 것입니다. 우리 힘으로 되지 않지만, 하나님의 약속을 믿고 하는 것입니다. 베드로가 물 위를 걷는 것은 불가능한 일이지만, 믿음으로 걸었습니다. 그와 같이 우리가 자기 행실을 근본적으로 고치는 것은 불가능하지만 믿음으로 하면 가능합니다.

그렇다면 이제 우리가 구체적으로 무엇을 회개해야 할지를 살펴봅니다. 우리는 회개하라는 말을 들을 때 구체적으로 계명을 어긴 사건을 기억하려고 애를 씁니다. 예를 들면 지난주에 야동을 보았다든지 하는 것입니다.

물론 그런 것도 회개해야지만, 더욱 근본적인 것이 있습니다. 그것은 우리의 마음 자체가 하나님께 대한 적개심을 품고 대적하고 있다는 것입니다. 이런 죄는 우리 마음 깊은 곳에 감추어져 있기 때문에 잘 발견되지 않습니다. 정말이지, 성령께서 가르쳐주지 않으시면 우리 힘으로 알 수도 없는 것입니다. 참으로 이상하지 않습니까? 여러분은 여러분 마음 깊은 곳에 하나님을 싫어하는 마음이 없습니까? 이건 매우 정직하게 질문해야 답이 나옵니다.

그리고 이건 모든 것이 평화롭고 잘 되기만 하면 답이 나오지 않습니다. 고난이 닥치고, 정말 위기에 서 봐야 나 자신을 알 수 있습니다. 나는 그런 고난 속에서도 하나님의 뜻을 믿고 신뢰하면서 기다리고 있습니까? 아니면, "하나님, 이럴 수 있습니까? 내가 지금까지 예수 믿고 투자한 돈만 하더라도 얼마인데, 어떻게 내게 이럴 수 있습니까?" 하며 원망하십니까? 여러분에게 그런 마음이 조금이라도 있다면 여러분 속에 하나님을 대적하는 마음이 있는 것입니다. 그 조금이 나중에는 큰 불신으로 이어집니다.

여러분은 이것을 회개해야 정말로 회개하는 것임을 알아야 합니다. 오늘 본문 누가복음 3장 7~8절에서 요한은 자기에게 오는 사람에게 이렇게 말합니다.

> "독사의 자식들아, 누가 너희에게 일러 장차 올 진노를 피하리라 하더냐? 그러므로 *회개에* 합당한 열매를 맺고 속으로 아브라함이 우리 조상이라고 말하지 말라. 내가 말하노니 하나님이 능히 이 돌들로도 아브라함의 자손이 되게 하시리라."

여러분은 이것이 누구를 겨냥한 줄 아십니까? 예, 그렇습니다. 누가복음에서는 분명하지 않지만, 마태복음에서는 바리새인들과 사두개인들에게 독사의 자식이라는 독설을 퍼부었다고 되어 있습니다. 요한은 그들의 마음이 교만해져 있기 때문에 "회개에 합당한 열매를 맺고 속으로 아브라함이 우리 조상이라고 생각하지 말라. 내가 너희에게 이르노니 하나님이 능히 이 돌들로도 아브라함의 자손이 되게 하시리라"라고 말하는 것입니다.

그러나 그들이 마음을 고치기가 얼마나 어렵겠습니까? 그것이 쉬웠다면, 그들이 예수님을 십자가에 못 박는 일도 없었을 것입니다. 그들 중 다수는 "나는 겸손한 사람인데 왜 또 마음을 고치라고 하느냐?"라고 반발했을 것입니다. 요한이 워낙 인기가 높아서 그의 앞에서는 말을 못했을지라도 속으로는 그렇게 생각했을 것입니다. 요한이 바로 그것을 읽고 독설을 퍼부은 것입니다.

그러므로 우리는 구체적 행위를 회개하는 *것을 넘어서* 우리 마음 속 깊은 곳에 있는 *거역과 불순종의* 죄를 찾아서 회개해야 합니다. 이것을 회개해야 진짜 회개하는 것입니다. 그리고 이런 회개는 일시적으로 끝나지 않기 때문에, 회개는 일평생 죽을 때까지 해야 한다고 말하는 것입니다.

이제 이것을 정리하여 말씀드립니다. 회개는 참으로 중요합니다. 왜냐하면 회개해야 복을 받고 천국에 들어갈 수 있기 때문입니다. 사람이 죄를 씻을 수 있는 길은 단 한 가지뿐입니다. 회개하는 것 외에는 다른 길이 없습니다.

그런데 우리가 여기서 조심할 것이 있습니다. 우리가 회개하였기 때문에 죄를 씻는 것이 아니라 하나님이 자비하시므로 용서하시는 것입니다. 그러기 때문에 내가 회개하였다고 자랑해서는 안 됩니다. 그것을 자랑하면 참된 회개가 아닙니다. 하나님의 자비하심을 자랑해야 참된 회개가 됩니다.

또한 회개란 단지 마음으로 후회하고 자책하는 것이 아닙니다. 물론 그것이 전제되어야겠지만, 그것은 회개의 시작일 뿐입니다. 회개에 합당한 열매를 맺어야 진정한 회개라고 할 수 있는데, 그것은 마음이 변화될 때 가능합니다. 그래서 성경에서 회개를 말할 때 외형적인 것보다 마음의 변화를 강조합니다.

예레미야 4장 4절에서 "유다인과 예루살렘 주민들아 너희는 스스로 할례를 행하여 너희 마음 가죽을 베고 나 여호와께 속하라. 그리하지 아니하면 너희 악행으로 말미암아 나의 분노가 불같이 일어나 사르리니 그것을 끌 자가 없으리라"라고 했습니다.

마음의 가죽을 베지 않으면 절대로 회개할 수 없습니다. 그러나 그것이 어떻게 자기 힘으로 가능하겠습니까? 불가능한 일입니다. 그러기 때문에 회개에는 믿음이 필요합니다. 하나님의 말씀을 듣고 두려워하고 살려달라는 믿음, 우리가 그런 마음을 가질 때 하나님은 성령을 보내 주십니다. 아니, 그런 마음 자체가 성령이 주시는 마음입니다. 그래서 회개는 처음부터 끝까지 믿음으로 하는 것이고 또한 성령으로 하는 것입니다.

3. 맺는말

여러분은 이제 회개에 대하여 이해가 되었습니까? 그렇다면 그 회개를 남에게 전하고 가르칠 수 있습니까? 아마 그 정도는 안 될 것입니다. 남에게 전하고 가르칠 수 있을 정도는 안 될 것입니다. 그렇다면 여러분은 아직 신앙의 기초를 쌓았다고 말할 수 없습니다. 제가 회개에 대하여 길게 설명했지만, 그것을 들을 때는 깨달은 것 같아도 교회 문을 나가면 금방 잊어버립니다. 그 이유는 성경이 말하는 회개가 여러분이 통상적으로 생각하는 것과 전혀 차원이 다르기 때문입니다.

이것을 극복하는 것은 계속 반복하여 듣는 것뿐입니다. 군인이 같은 동작을 수도 없이 계속 반복해야 제대로 된 동작이 나오는 것과도 같습니다. 여러분은 귀가 따갑도록 회개에 대하여 들어야 합니다. 그렇게 할 때 성령께서 일하십니다. 먼저 여러분의 마음 깊은 곳에서 변화를 일으키고 마침내 회개에 합당한 열매를 맺게 하실 것입니다. 그런 다음 여러분은 다른 사람에게 회개에 대하여 전하고 가르칠 수 있습니다. 여러분의 신앙이 그 정도로 성숙하여 그리스도 안에서 자유를 누리시기를 바랍니다.

기독교 신앙의 기초

II. 신앙의 기초 제2단계: 하나님께 대한 신앙

히브리서 10:10~11:6

1. 회개와 믿음

히브리서 6장 1~2절은 우리 신앙의 기초로 여섯 가지를 제시하고 있는데, 첫째는 죽은 행실을 회개함, 둘째는 하나님께 대한 신앙, 셋째는 세례들, 넷째는 안수, 다섯째는 죽은 자의 부활, 여섯째는 영원한 심판입니다. 무슨 일이든 기초를 잘 다져야 합니다. 학문도 그렇고 건물을 짓는 것도 그렇습니다. 기초가 약하면 더 높은 단계로 올라갈 수 없습니다. 그런 의미에서 우리는 히브리서 6장에서 말하는 여섯 가지 신앙의 기초에 대하여 알아보고 있습니다.

회개는 죄를 씻는 것과 관련되어 있습니다. 인간의 모든 문제는 우리가 하나님에게서 멀어진 것에 있고, 다시 하나님께 나아가려면 죄를 씻어야 합니다. 그리고 우리가 죄를 씻는 방법은 회개뿐입니다. 하나님은 우리가 회개하는 것을 보고 우리의 죄를 용서하십니다. 그런데 우리가 여기서 주의할 것은 회개 자체가 죄의 용서를 가져오는 것은 아니라는 것입니다. *회개해서 용서 받는 것이 아니라 하나님의 자비로 용서받는* 것입니다. 그것은 전적으로 *하나님의 선의에 따른 것입니다.* 그러기 때문에 우리로서는 회개하였다고 해서 그것을 자랑해서는 안 됩니다. 자랑할 것은 언제나 하나님의 자비로우심과 은혜입니다. 이것을 모르고 죄 사함을 받았다 하여 교만하게 행하는 사람이 너무 많습니다.

우리는 또한 회개할 때 나를 대신하여 십자가를 지신 예수님을 믿어야 합니다. 회개하였다고 하면서 예수님을 믿지 않는 것은 회개가 아닙니다. 왜냐하면 하나님은 예수님의 대속적 죽음을 보시고 우리를 *용서하시기* 때문입니다. 하나님은 회개하고 예수님을 믿는 사람에게 예수님의 의를 입혀주십니다. 그는 죄인이지만, 예수님의 피를 보시고 의인이라고 불러주십니다.

그런데 회개에서 중요한 것은 회개는 단지 *자신의* 잘못을 뉘우치는 것이 *아니라* 뉘우치고 돌아서는 것입니다. 자기의 잘못을 후회하고 *뉘우치는* 것은 회개의 시작일 *뿐이며*, 마음이 완전히 *변화하여*

하나님께로 향해야 합니다. 회개의 한자어 회(悔)는 뉘우친다는 뜻이고 개(改)는 고친다는 뜻이지요. 뉘우치고 고치는 것이 곧 회개입니다. 단지 뉘우치는 것은 회개가 아닙니다. 그러나 뉘우치는 것은 우리 힘으로 할 수 있지만, 고치는 것은 못 합니다. 그것은 전적으로 하나님의 도우심이 있어야 가능한 것입니다. 하나님의 도우심은 우리가 믿을 때 임하는 것입니다. 그래서 회개는 믿음으로 하는 것입니다. 우리가 죄를 뉘우치는 것도 고치는 것도 믿음으로 하는 것입니다.

이처럼 회개와 믿음은 *떼려야* 뗄 수 없는 밀접한 관계를 갖고 있습니다. 우선 예수님을 믿는 믿음이 없으면 회개할 수가 없습니다. 우리가 죄를 회개할 때 하나님이 용서하실 것이라는 믿음이 없는 사람은 회개할 수 없습니다. 또 자기의 죄를 회개하지 않는 사람이 하나님을 믿는다는 것도 말이 안 됩니다. 그것은 자기는 죄가 없는 사람이라는 말밖에 되지 않습니다. 그런 사람에 대하여 요한일서 1장 9절은 하나님을 거짓말하는 이로 만든다고 했습니다. 하나님을 거짓말하는 분으로 만들면서 어떻게 믿는다고 말할 수 있겠습니까?

요한일서 1장 8~9절은 회개와 믿음의 관계에 대하여 이렇게 말합니다.

"만일 우리가 죄가 없다고 말하면 스스로 속이고 또 진리가 우리 속에 있지 아니할 것이요, 만일 우리가 우리 죄를 자백하면 그는 미쁘시고 의로우사 우리 죄를 사하시며 우리를 모든 불의에서 깨끗하게 하실 것이요."

회개에는 믿음이 있어야 하고, 믿음에는 회개가 있어야 그 믿음이 진정한 것입니다. 그렇다면 이제 본문을 중심으로 믿음이 무엇인지를 살펴봅니다.

2. 믿음에 대하여

믿음이란 글자 그대로 믿는 것을 말합니다. 믿음을 너무 복잡하게 설명하려고 하는 것은 지적 자랑이나 오류에 빠질 수 있습니다. 믿음은 그야말로 믿는 것입니다. 좀 분석해서 말하자면, 지적으로 동의하는 것과 그 동의한 것 그대로 행하는 것 두 가지 요소가 있다고 말할 수 있습니다. 따라서 단순히 어떤 사실에 동의하는 것은 믿음이 아닙니다. 그 동의한 그대로 행동을 할 때 믿는 것입니다. 성경이 말하는 믿음은 바로 이것입니다.

예를 들면 제자들이 갈릴리 바다에서 풍랑을 만나서 고생하고 있을 때 예수님이 물 위로 걷는 것을 보았습니다. 사람이 물 위를 걷는다는 것은 불가능한 일입니다. 그러나 이것을 본 제자들은 예수님이 물 위로 걸을 것을 믿었습니다. 그러나 그것은 아직 성경이 말하는 믿음이 아닙니다. *그것은 단지 예수님께서 물 위를 걸으셨다는* 사실에 대한 지적 동의에 지나지 않습니다. 믿음은 여기서 더 나아가야 합니다. 베드로는 주님이 물 위를 걷는 장면을 보고 너무도 감탄하여 만일 주님이시라면 나를 명하여 물 위로 걷게 해달라고 요청하였습니다. 그러자 주님은 베드로에게 오라고 말씀하셨고, 이에 베드로는 용감하게 배에서 내려 물로 뛰어들었고, 그 결과 그는 물 위를 걸었습니다. 성경이 말하는 믿음은 바로 이것입니다. 예수님이 물 위로 걸었다, 나도 걸을 수 있다는 것을 동의하는 것에 넘어서서 나도 예수님처럼 그렇게 하는 것입니다.

다시 말해서 우리가 믿은 그 사실에 자신의 전부를 던지는 것이 믿음입니다. 베드로가 물에 뛰어들었을 때 물 위를 걷지 못하고 빠져들 수도 있습니다. 아니, 인간적인 상식으로 한다면 물에 빠지는 것이 당연합니다. 그렇게 물에 빠지면 죽을 수도 있습니다. 풍랑이 이는 바다에서는 더욱 그렇습니다. 그러나 이 말도 안 되는 사실*에* 나의 전부를 거는 것입니다. 인간적인 상식으로는 물에 빠지는 것이 *당연하지만,* 주님의 능력으로 걸을 수 있다는 그 사실에 나의 전부를 거는 것입니다. *그렇지 않다면, 그것은* 믿음이 아닙니다.

다시 베드로의 예로 돌아갑시다. 베드로가 물 위를 걷다가 어떻게 되었습니까? 그때 마침 *강한* 바람이 불어 풍랑이 일었습니다. 마귀가 베드로의 믿음을 시험한 것이지요. 베드로는 그 시험에 걸려 물에 빠지고 맙니다. 그는 풍랑을 보고 그만 겁을 먹었고 그 순간 믿음이 달아나버렸습니다. 믿음이 달아났으니 물에 빠지는 것은 당연한 일이지요. 그런데 그것이 전부가 아닙니다. 베드로는 물에 *빠지면서* 급히 주님께 살려달라고 외쳤습니다. 그때 주님은 손을 내밀어 베드로를 붙잡아 물에 빠지지 않도록 도와주셨습니다. 이것은 주님이 그의 연약한 믿음을 도와서 온전하게 하신 것입니다.

이제 이것을 *정리하자면*, '사람이 물 위를 걷는다는 것은 *상식적으로 불가능*하지만, 하나님이 그렇게 명령하면 나는 걷는다', 이것이 바로 지적으로 동의하고 행하는 믿음입니다. 단지 지적으로 동의하는 것이 아니라 그렇게 행동하는 것입니다.

이제 믿음에 대하여 히브리서 11장 1절은 이렇게 말합니다.

"믿음은 바라는 것들의 실상이요 보이지 않는 것들의 증거니."

믿음은 우리가 바라는 것들이 실제로 나타나는 것이고 보이지 않는 것에 대한 증거라는 것입니다.

뒤돌아보면 저는 이 말씀에 큰 힘을 얻은 적이 있습니다. 약 50년 전 제가 고등학교 때 조용기 목사님이 인도하는 부흥 집회에 참석한 일이 있습니다. 그때 조 목사님은 특유의 속사포같이 빠른 목소리로 이 구절을 인용하였습니다.

"믿음은 바라는 것의 실상입니다. 여러분은 여러분이 원하는 것을 머릿속으로 그리고 그것이 실제로 이루어진 것처럼 행동하십시오. 아직 이루어지지 않았지만, 이루어진 것처럼 행동하십시오. 그러면 기적이 일어날 것입니다."

그때 그 목소리가 50년 가까이 지난 지금도 저의 뇌리에 똑똑히 박혀 있습니다. 예를 들면, 예쁘고 정숙한 여자와 결혼하기를 원하는 사람은 그런 사람을 머릿속에 그리고 그것이 이루어진 것처럼 행동하라는 것입니다. 또 큰 집을 사기 원하는 사람은 자기가 원하는 집을 머릿속으로 그리고 그것을 이미 얻은 것처럼 행동하라는 것입니다. 그러면 이루어질 것이라는 것입니다.

저는 그 말씀에 따라서 대학 시험공부를 하면서 아직 합격하지 않았지만, 합격한 것처럼 행동했습니다. 또 사법시험 공부를 하면서 아직 합격하지 않았지만, 합격한 것처럼 행동했습니다. 그 결과가 어떻게 되었을까요? 뒤돌아보면, 그 결과 제 머릿속으로 그린 그대로 된 것도 있고, 되지 않았던 것도 있습니다. 제가 졸업한 고려대 법대보다는 서울대 법대를 원했습니다. 사법시험은 대학교 4학년 때 합격하기를 원했지만, 1년이 늦어졌습니다. 그러나 전체적으로 보면 그런 믿음이라도 없었으면, 제가 좋은 대학에 가거나 사법시험에 합격하지 못했을 것입니다. 그런 믿음이 있었기 때문에 성공을 거둔 것도 사실입니다.

이것이 흔히 말하는 긍정의 힘입니다. 긍정적인 사람은 부정적인 사람보다 성공할 확률이 높고 믿음이 있는 사람은 매사에 긍정적입니다. 그런 점에서 믿음은 성공의 원천이라고 할 수 있습니다. 60-70년대 미국의 로버트 슐러 목사는 믿음을 이렇게 설명하여 대단한 인기를 끌었고, 지금도 텍사스의 조엘 오스틴 목사가 그런 식으로 설교합니다. 이것을 흔히 긍정적 사고방식, 긍정의 힘, 또는 번영신학이라고 합니다.

그런데 제가 신학을 공부하고 좀 더 성경을 깊이 파고들었을 때 믿음을 이런 식으로 해석하는 것은 위험하다는 것을 알게 되었습니다. 믿음은 바라는 것의 실상이지만, 문제는 우리가 무엇을 바라고 *있느냐는 것입니다*. 우리가 바라는 것이 올바른 것이 아니라면, 그것은 믿음이 아닙니다. 그렇기 때문에 믿음은 내가 바라는 것을 머릿속으로 *그려 보고, 마치* 그것이 실제로 이루어진 것처럼 행동하는 *것이라고* 말할 수는 없습니다. 세상에서는 그것을 믿음이라고 부르고 칭송할 수도 있지만, 적어도 성경이 말하는 *믿음은* 그런 것이 아닙니다. 그런 식의 믿음은 성경을 너무도 *아전인수격으로* 해석한 것이라서 도저히 믿음이라고 할 수 없습니다.

믿음에서는 우리가 무엇을 바라고 믿느냐 하는 것이 매우 중요합니다. 그것을 생각하지 않고 아무것이나 바란다고 해서 믿음이라고 말할 수는 없습니다.

그렇다면 우리는 무엇을 바라는 것입니까? 무엇을 *바라야* 올바른 믿음이라고 말할 수 있습니까? 이것은 히브리서 5장 13절의 말씀과 관계되어 있습니다. 여기서 의의 말씀을 경험하지 못하는 자마다 어린아이라고 했습니다. 의의 말씀이란 죄인인 우리를 의롭게 만드는 말씀이라는 뜻입니다. 그러기 때문에 우리가 바라는 것은 의를 얻는 것입니다. 죄를 씻고 의를 얻어야 하나님의 자녀가 되어 하나님의 풍부하심을 경험하는 것입니다.

그런 점에서 긍정적 사고방식은 믿음을 너무 좁게 해석한 것입니다. 저는 긍정의 힘이나 번영신학이 모두 틀렸다고 말하는 것은 아닙니다. 그들의 가르침에도 일리가 있고 저 자신도 그러한 가르침에 큰 도움을 받았습니다. 그러나 그들의 가르침에는 독이 담겨 있는데, 그것은 믿음을 너무 좁게 해석하여 우리가 궁극적으로 무엇을 *바라야* 옳은지를 말하지 않는다는 점입니다. 그 결과로 긍정적 사고방식으로 성공을 거둔 사람이 방탕의 죄에 빠지는 것을 종종 봅니다. 세상의 사치와 향락에 젖어 지탄의 대상이 되기도 합니다. 긍정적 사고방식이 우리에게 성공을 거두게 하는 좋은 점이 있지만, 언제나 이 세상에서의 성공은 우리를 세상에 가두는 위험이 있음도 알아야 합니다.

우리가 종국적으로 바라는 것은 이 세상이 아니라 다음 세상입니다. 우리가 이 세상에서는 좀 못살고 힘이 들어도 다음에 오는 영원한 세상에서는 행복을 누릴 수 있어야 합니다. 그것을 *바라야* 참으로 바라는 것입니다. 그리고 그 영원한 세상은 의인이라야 들어갈 수 있습니다. 우리가 궁극적으로 바라는 것은 의를 덧입는 것입니다. 우리의 힘으로는 의를 이루지 못하기 때문에 예수님의 의를 덧입는 것입니다. 이제 이것을 바라는 것이 믿음입니다.

따라서 믿음은 바라는 것의 실상이라는 말은 우리가 예수님을 믿었다면, 이미 의를 실제로 얻은 것으로 알고 거기에 기초하여 행동하라는 것입니다. 그것을 다른 말로 하면 오직 예수님만 바라고 행동하라는 것입니다.

본문 히브리서 10장 37~39절을 봅니다.

"잠시 잠깐 후면 오실 이가 오시리니 지체하지 아니하시리라. 나의 의인은 믿음으로 말미암아 살리라 또한 뒤로 물러가면 내 마음이 그를 기뻐하지 아니하리라 하셨느니라. 우리는 뒤로 물러가 멸망할 자가 아니요 오직 영혼을 구원함에 이르는 믿음을 가진 자니라."

이 구절은 우리가 무엇을 바라야 할지를 잘 설명하고 있습니다. 예수님은 우리의 의가 되십니다. 그 예수님은 다시 오신다고 했습니다. 우리는 그것을 *바라야* 합니다. 2024년 12월 3일, 윤석열 대통령이 계엄을 선포해서 온 나라를 놀라게 만들었습니다. 여기에 대하여 야당은 대통령 탄핵으로 응수하고 있습니다. 우리는 이런 세상을 경험하면서 세상은 참 위험하다는 것을 절감합니다. 이러다가 대한민국이 폭삭 망하는 것이 아닌가 하는 불안이 듭니다. 정말이지 우리가 사는 세상에는 안전한 것은 아무것도 없습니다.

그러므로 이 세상에는 바랄 것이 없습니다. 정말 아무것도 없습니다. 제가 종종 하는 말이지만, 나이가 60세가 넘어가니 정말 세상 별것 아니라는 것을 절감합니다. 흔히 하는 말로 노년에도 건강 관리를 잘하면 젊은 사람 못지않게 잘 살 수 있다고 말하지만, 그것도 한계가 있습니다. 우리의 문제는 사람이 나이가 들면 몸이 병들고 약해지는 것을 볼 때 이 땅을 떠날 때가 되었다는 신호임을 알아야 하는데, 그것을 깨닫지 못하고 이 세상에 집착하는 데 있습니다. 믿음이란 나이가 들어도 건강하고 팔팔하게 살 수 있다는 것을 말하는 것이 아닙니다. 그렇게 믿으면 나중에 크게 실망할 수 있습니다. 무엇보다도 이 세상에 매여 살도록 만들어 떠나기 힘들게 만듭니다.

우리의 믿음의 대상은 예수 그리스도입니다. 우리는 사나 죽으나 예수 그리스도를 바라보아야 합니다. 그분만이 우리의 의가 되어 우리를 구원할 수 있습니다. 그분만이 이 지옥 같은 세상에서 우리를 구원할 수 있습니다, 믿음은 바라는 것의 실상이라는 것은 바로 이것을 믿고 이것이 이루어진 것처럼 머릿속에 그리고 몸으로 행동하라는 것입니다. 여러분이 그럴 수만 있다면, 이 세상의 모든 염려, 걱정에서 해방되어 참된 자유를 누릴 수 있습니다.

히브리서 10장 3절에서 "믿음으로 모든 세계가 하나님의 말씀으로 지어진 줄을 우리가 아나니 보이는 것은 나타난 것으로 말미암아 된 것이 아니니라"고 말씀하고 있습니다.

믿음의 시작은 하나님이 천지를 창조하셨다는 것을 믿는 것입니다. 그것을 믿지 못하면 아무것도 믿을 수 없습니다. 그러나 우리가 그것을 어떻게 알 수 있습니까? 창조과학은 하나님의 창조를 과학적으로 증명한다고 하지만, 그것도 믿지 않는 사람에게는 아무 소용이 없습니다. 믿지 않기로 작정한 무신론자에게는 어떠한 증거를 들이대어도 믿지 않습니다. 이 시대는 그런 무신론자들이 지배하고 있습니다. 그들에게 무슨 증거를 들이대어도 그들은 믿지 않습니다.

그런데 아무리 무신론자라고 하더라도 이 세상이 질서 있게 움직이는 것에 대하여는 설명이 있어야 합니다. 그래야 과학의 법칙도 설명이 되는 것이지요. 예를 들면 그들이 진화론을 믿는다면, 진화에도 법칙이 있어야 합니다. 아무런 법칙도 없이 제 마음대로 진화한다고 말하면 과학도 안 되는 것입니다.

그러면 그 법칙은 어디서 나온 것입니까? 그들은 이것을 설명하기 위하여 범신론이라는 것을 신봉합니다. 범신론은 만유 안에 신이 있다는 것이지요. 그러나 그들이 말하는 신은 우리가 생각하는 하나님과 다릅니다. 범신론은 사실은 무신론입니다. 만물 안에 내재하는 법칙이 있고, 그 법칙을 단지 신이라고 부르는 것뿐입니다. 오늘날 사람들의 종교는 범신론이고, 교회 안에도 범신론을 신봉하는 사람들이 하나님을 믿는 것처럼 가장하고 있습니다. 우리는 이런 사상들을 배격하고 하나님이 천지를 창조하신 것을 믿습니다. 그렇다면, 우리는 그것을 어떻게 알고 믿습니까? 우리가 하나님이 이 세상을 창조하는 것을 보았기 때문에 아는 것입니까? 아닙니다. 단지 하나님이 그렇게 말씀하셨기 때문에 아는 것입니다. 또 그것을 사실로 믿고 행동합니다.

이제 여기서 믿는다는 말이 무엇인지를 다시 기억해야 합니다. 믿는다는 말은 단지 내가 창조론자가 된다는 뜻이 아닙니다. 그것은 기본이고, 내가 믿는 그것에 모든 것을 걸고 행동해야 합니다. 그래야 믿는 것이 됩니다. 이것은 쉬운 것 같지만, 결코 쉽지 않습니다. 우리는 평안할 때는 그것을 쉽게 믿는다고 고백할 수 있습니다. 그러나 고난이 닥치면 그 믿음의 바닥이 드러납니다. 저는 목회를 하면서 고난 당한 성도를 자주 만납니다. 그럴 때 자신의 진실한 믿음을 보는 분도 있고, 그렇지 않은 분도 있습니다. 평소에는 봉사도 많이 하고 믿음이 좋은 줄로 알았는데, 그 본바탕이 드러나서 믿지 않는 사람보다도 더 악하게 행동하는 사람도 있습니다. 그것은 내가 목사다, 장로다 하는 것과 상관이 없습니다. 아니, 평소에 그런 직분을 가진 분일수록 믿음에서 추락하면 더욱 추하게 보입니다.

믿음은 하나님이 천지를 _창조하셨음_을 믿고, 그 하나님이 지금도 이 세상을 다스리는 것을 _믿으며_ 행하는 것입니다. 대한민국의 정국이 요동을 치더라도 우리가 기도하면 하나님이 기적을 이루실 것을 믿는 것이 믿음입니다.

히브리서 10장 4절에 "믿음으로 아벨은 가인보다 더 나은 제사를 하나님께 드림으로 의로운 자라 하시는 증거를 얻었으니 하나님이 그 예물에 대하여 증언하심이라"고 말씀하고 있습니다. 이 4절은 우리가 가지고 있는 믿음의 성격에 대하여 잘 말해줍니다.

창세기 4장에는 가인과 아벨의 이야기가 나옵니다. 가인은 아담의 첫째 아들이고 아벨은 그의 동생입니다. 그러니까 그들은 한 배에서 나온 형제입니다. 두 사람이 장성하여 하나님께 제사를 드렸습니다. 가인은 농사를 짓고 그 산물로 제사 드렸고, 아벨은 목축하는 사람이라 양의 새끼로 제사 드렸습니다. 그런데 하나님은 가인의 제물은 거절하고 아벨의 제물만 받으셨습니다. 그러자 가인은 아벨을 시기하고 그를 죽였습니다.

이 이야기는 간단한 스토리이지만, 중요한 내용이 내포되어 있습니다. 왜 가인의 제물은 거절하시고 아벨의 제물만 받으셨을까요? 어떤 사람은 가인의 예물은 농산물이고, 아벨은 양의 새끼 다시 말해서 피가 있는 *제물*이기 때문이라고 말하지만, 저는 그렇게 보지 않습니다. 창세기에서는 그 이유를 명확하게 설명하지 않습니다. 그러나 이제 히브리서에서는 그 이유를 설명하고 있습니다. 본문 4절에서 하나님은 아벨의 제물에 대하여 증거하신다고 말합니다. 그 말의 뜻은 아벨은 믿음으로 제물을 드렸고, 가인은 그렇지 않았다는 것입니다.

아니, 가인도 하나님을 믿었기에 제물을 드린 것이 아닙니까? 심지어 창세기에는 하나님이 직접 그에게 나타나 동생을 시기하지 말라고 경고하기도 합니다. 하나님이 그에게 나타나신 것은 그가 하나님을 믿었기 때문이 아닙니까?

그런데도 히브리서에서는 가인은 불신의 사람이고 아벨은 믿음의 사람이라고 말합니다. 그 이유가 무엇일까요? 그 이유는 가인의 믿음은 머리에 그쳤다는 것입니다. 그는 하나님이 계신다는 것은 믿었지만, 그 하나님께 자신의 전부를 의탁하지 않았습니다. 하나님께 순종하려는 마음이 없었습니다. 그 증거는 그가 동생을 시기하여 죽였다는 *사실입니다*. 하나님이 그의 제물을 받지 않았다면, 자기를 반성해야 합니다. 그러나 그는 동생 때문에 하나님이 자기의 제물을 받지 않는다고 생각하고 동생을 죽였습니다. 그는 처음부터 하나님께 순종할 마음이 없었습니다. 제사 드린 것도 우상 숭배하는 마음으로 드린 것입니다. 하나님께 적당히 제물을 드려 비위를 맞추고 복을 받아내려는 수작에 불과하기 때문에 불신자로 낙인이 찍혔습니다.

히브리서 10장 5~6절은 이렇게 말합니다.

"믿음으로 에녹은 죽음을 보지 않고 옮겨졌으니 하나님이 그를 옮기심으로 다시 보이지 아니하였느니라. 그는 옮겨지기 전에 하나님을 기쁘시게 하는 자라 하는 증거를 받았느니라. 믿음이 없이는 하나님을 기쁘시게 하지 못하나니 하나님께 나아가는 자는 반드시 그가 계신 것과 또한 그가 자기를 찾는 자들에게 상 주시는 이심을 믿어야 할지니라."

창세기 5장에는 에녹에 대한 이야기가 나옵니다. 그는 육십오 세에 므두셀라를 낳은 후 삼백 년을 하나님과 동행하면서 살다가 하나님이 그를 데려갔습니다. 다시 말해서 죽음을 보지 않고 바로 천국으로 들어갔습니다. 구약 성경에는 죽음을 보지 않고 바로 천국에 간 두 사람이 나오는데, 첫째는 에녹이고 둘째는 엘리야입니다. 엘리야가 승천할 때 불수레와 불말이 나타나 그를 데려갔고, 에녹도 비슷한 방법으로 승천하였을 것입니다.

본문 5절은, 그 두 사람이 그렇게 승천한 이유는 하나님을 기쁘시게 하는 증거를 받았기 때문이라고 설명합니다. 그렇다면 그들이 어떻게 하였기에 하나님을 기쁘시게 하였을까요? 6절은 그 이유를 말하는데 그들이 하나님을 믿었기 때문이라는 것입니다. 믿음이 없이는 하나님을 기쁘게 하지 못합니다. 하나님께 나아가는 사람은 그가 반드시 계신 것과 또한 자기를 찾는 사람에게 상을 주시는 분이심을 믿어야 합니다. 다시 말해서 단순히 하나님이 계신 것을 믿는 것만으로는 부족하고, 그 하나님이 자기를 찾는 사람에게 상 주시는 분임을 믿어야 합니다.

그런 점에서 이신론은 틀렸습니다. 이신론이란, 하나님이 천지를 창조하셨지만, 창조하신 이후에는 그냥 내버려 두시고, 이 세상의 일에 관여하지 않는다는 주장입니다. 시계를 만드는 사람이 시계의 태엽을 감아놓으면 모든 부품이 자동으로 돌아가듯 하나님도 이 세상을 창조하신 이후에 더 이상 개입하지 않는다는 것이지요. 정말 말도 안 되는 이론인 것 같지만, 유럽에서 계몽주의 시대에 인기를 끌었고, 지금도 교회 안에 이신론에 바탕을 두고 행동하는 사람이 있습니다. 그러나 그런 이론들은 모두 살아 계신 하나님을 모독하는 것입니다.

여러분의 부모가 여러분을 낳은 후 여러분이 "우리 부모님은 내가 어떻게 사는지에 대해 전혀 관심이 없다"라고 말한다면 부모가 기뻐하실까요? 그것은 부모를 모욕하는 것입니다. 우리를 낳으신 이가 어떻게 우리의 일에 무관심할 수 있습니까? "나실 때 괴로움 다 잊으시고 기를 때 밤낮으로 애쓰는 마음, 진자리 마른자리 갈아 뉘시며 손발이 다 닳도록 고생하시네"라는 노래와 같이 하나님은 우리의 일거수일투족을 모두 지켜보시면서 우리와 관계하십니다.

우리는 이것을 믿고 거기에 모든 것을 걸고 행동해야 합니다. 믿음이란, 단지 하나님이 살아 계신다는 것을 믿는 것이 아닙니다. 그 살아 계신 하나님이 지금도 나의 모든 것을 지켜보시고 내가 믿음대로 사는지를 지켜보십니다. 하나님은 우리가 그 믿음대로 사는 것을 볼 때 가장 기뻐하십니다. 그리고 그런 사람에게 상을 베푸십니다.

그 말은 믿지 않는 사람은 벌하신다는 것과 같습니다. 하나님은 믿는 사람에게 상을 주시고 불신자를 벌하십니다.

3. 맺는말

본문 히브리서 11장 1~2절에서 "믿음은 바라는 것들의 실상이요 보이지 않는 것들의 증거니 선진들이 이로써 증거를 얻었느니라"고 했습니다. 2절의 선진들이란 우리의 신앙 선배, 신앙의 영웅을 말합니다. 그리고 그 영웅들의 이야기가 7절부터 전개되는데, 참으로 장엄합니다. 우리의 신앙은 역사성이 있습니다. 어떤 사람이 지어낸 이야기가 아닙니다. 신앙의 선배들이 자신들의 땀과 피로 자신들의 믿음을 증언하였습니다. 노아, 아브라함, 이삭, 야곱, 요셉, 모세, 기생 라합 이런 분들의 이야기를 들으면 여러분의 가슴이 뛰지 않습니까? 히브리서 11장 전체 중에 33절부터 40절까지입니다.

> "그들은 믿음으로 나라들을 이기기도 하며 의를 행하기도 하며 약속을 받기도 하며 사자들의 입을 막기도 하며 불의 세력을 멸하기도 하며 칼날을 피하기도 하며 연약한 가운데서 강하게 되기도 하며 전쟁에 용감하게 되어 이방 사람들의 진을 물리치기도 하며 여자들은 자기의 죽은 자들을 부활로 받아들이기도 하며 또 어떤 이들은 더 좋은 부활을 얻고자 하여 심한 고문을 받되 구차히 풀려나기를 원하지 아니하였으

며 또 어떤 이들은 조롱과 채찍질뿐 아니라 결박과 옥에 갇히는 시련도 받았으며 돌로 치는 것과 톱으로 켜는 것과 시험과 칼로 죽임을 당하고 양과 염소의 가죽을 입고 유리하여 궁핍과 환난과 학대를 받았으니 (이런 사람은 세상이 감당하지 못하느니라) 그들이 광야와 산과 동굴과 토굴에 유리하였느니라 이 사람들은 다 믿음으로 말미암아 증거를 받았으나 약속된 것을 받지 못하였으니 이는 하나님이 우리를 위하여 더 좋은 것을 예비하셨은즉 우리가 아니면 그들로 온전함을 이루지 못하게 하려 하심이라."

참으로 웅장하고 장엄합니다. 우리의 믿음이란 이론이 아닙니다. 그것은 실재이고, 세상의 어떤 것보다도 강합니다. 그래서 38절은 믿음의 사람을 이 세상이 감당하지 못한다고 표현합니다. 이 세상에서 믿음을 이길 것은 없습니다. 저는 이것을 생각하면 가슴이 벅찹니다. 우리의 믿음은 결코 시시한 것이 아닙니다. 긍정적 사고방식은 그런 점에서 틀렸습니다. 그런 것들은 우리가 바라는 것을 이 세상에 한정시키는 위험을 가지고 있습니다.

우리의 믿음은 이 세상의 것을 가지려는 것이 아닙니다. 이 세상도 그 정욕도 다 지나가는 것입니다. 오직 하나님의 나라만이 영원합니다. 우리가 바라는 것은 그 영원한 하나님의 나라입니다. 이것을 바라야 믿는 것입니다. 그 하나님의 나라는 믿는 사람만이 상속받는 것입니다. 이제 여러분은 이것이 실제로 일어난 것처럼 머리에 그리고 믿어야 합니다. 그리고 그것에 따라 살고 죽는 여러분이 되어야 믿는 것이라고 할 수 있습니다.

   그럴 때 하나님은 기뻐하시고 여러분에게 상을 주시는 것입니다. 먼저는 영생의 상이고, 이 세상에서도 잘 되는 복을 주십니다. 다만, 이 세상에서는 상을 주시되, 고난과 함께 주시는 것을 잊지 마시기 바랍니다. 부디 이 믿음을 가지고 하나님의 풍성함에 참여하는 여러분이 되기를 바랍니다.

기독교 신앙의 6 기초

III. 신앙의 기초 제3단계: 세례들

요한복음 1:19~34

1. 세례들에 대하여

우리는 히브리서 6장 1~2절을 토대로 신앙의 여섯 가지 기초에 대하여 알아보고 있습니다. 그것은 첫째는 죽은 행실을 회개함, 둘째는 하나님께 대한 신앙, 셋째는 세례들, 넷째는 안수, 다섯째는 죽은 자의 부활, 여섯째는 영원한 심판입니다.

지난주까지 회개와 믿음에 대하여 알아보았고, 오늘은 세례에 대하여 살펴볼 차례인데, 그에 앞서 회개와 믿음에 대하여 다시 정리합니다. 먼저 말씀드릴 것은, 회개와 믿음은 너무도 밀접한 관계에 있어 *떼려야* 뗄 수 없다는 점입니다. 우리는 죄로 인하여 영원한 멸망에 처할 수밖에 없는데, 그리스도께서 우리를 대신하여 십자가에서 죽음으로써 우리의 죄를 사하셨다는 사실을 믿지 않는 사람이 어떻게 회개의 자리에 나올 수 있겠습니까? 또한 자신의 죄를 진심으로 회개하는 사람은 예수의 십자가를 믿게 되어 있습니다. 왜냐하면 그것 외에는 소망이 없기 때문입니다. 그런데 논리적으로 말한다면 예수님을 <u>믿고 나서 그 이후에</u> 회개하는 것이라고 말할 수 있습니다.

그러나 히브리서에서는 회개를 신앙의 첫 단계로 내세우고 있는데, 그것은 회개를 강조하기 위한 것입니다. 회개는 단지 죄를 뉘우치는 것만으로는 부족하고 사람의 인격이 완전히 변하여 하나님께 향해야 합니다. 마찬가지로 믿음은 단순한 지적 동의를 넘어서서 믿는 대로 행하는 것입니다.

우리가 이러한 개념을 잘 이해한다면, 로마서와 야고보서 사이에 모순이 없음을 이해할 수 있습니다. 기독교 교리를 좀 안다는 사람 중에 로마서는 믿음으로 구원을 받는다고 말하고, 야고보서는 믿음만으로는 부족하고 행위도 있어야 한다고 함으로, 서로 모순된다고 말합니다. 그러나 그런 것이 아닙니다. 로마서에서 오직 믿음으로 구원받는다고 말할 때 그 믿음은 단순한 지적인 동의를 말하는 것이 아니라 믿는 그대로 행하는 것입니다. 행동이 수반되지 않는 지적 동의는 믿음이 아닙니다. 반면에, 야고보서 2장 17절에서 행함을 강조하면서 행함이 없는 믿음은 죽은 것이라고 말하는 이유는, 어떤 사람은 행함이 없는 믿음을 믿음이라고 부르는데, 그것은 믿음도 아니라는 뜻입니다. 구원을 주지 못하는 믿음이 어떻게 믿음일 수 있습니까? 그런 믿음은 믿음이라고 부르지 말라는 뜻입니다.

그렇게 본다면 로마서와 야고보서 사이에는 아무런 차이가 없습니다. 믿음이란 지적인 동의가 아니라 그것을 넘어서서 믿는 대로 행하는 것입니다. 따라서 믿는다고 하면서 믿는 그대로 행하지 않으면, 믿는다고 할 수 없습니다.

이제 우리는 세례에 대하여 알아볼 차례인데, 먼저 알아야 할 것은 세례는 우리의 회개와 신앙을 보증하는 증표라는 사실입니다. 다시 말해서 회개와 믿음이 내용물이고 세례는 포장입니다.

그런데 히브리서 6장 1~2절에서 우리 신앙의 기초를 말할 때 단수의 세례라고 하지 않고 복수를 나타내는 세례들이라고 하는 데 유념할 필요가 있습니다. 이것은 세례에는 여러 가지 종류가 있음을 뜻합니다. 성경에는 세 가지의 세례에 대하여 말합니다. 첫째는 요한의 세례이고, 둘째는 예수님의 세례이고, 셋째는 성령의 세례입니다. 이것을 모두 알아야 제대로 아는 것입니다.

세례는 성찬과 함께 우리 주님께서 직접 제정해 주신 성례입니다. 이 세례에 진실한 마음으로 참여하는 사람은 새 생명을 얻는 것입니다.

2. 요한의 세례

세례라는 말은 헬라어로 '뱁티조'라고 하는데, 그 뜻은 물에 담근다는 것입니다. 그것은 단순히 몸을 물에 적시는 것이 아니라 온몸을 푹 담그는 것입니다. 성경에서 세례에 대한 기록이 처음 나오는 것은 세례 요한의 세례입니다. 어떤 종교든 사람이 신을 만나기 위해서는 스스로 자신을 정결하게 해야 하고 그 정결하게 하는 방식으로 물로 씻는 의식은 본능이라고 할 만큼 보편적입니다. 요한은 거기서 힌트를 얻어 물로 세례를 베풀었을 것입니다.

누가복음 3장 3절은 그의 세례를 죄 사함을 받게 하는 회개의 세례라고 말했습니다. 그러므로 요한의 세례는 죄를 씻는 데 중점이 있습니다. 그런 점에서 요한이 사람들에게 몸을 담그고 나오도록 한 것은 매우 좋은 방법입니다. 사람들은 그렇게 몸을 담그고 나올 때 죄를 씻었다는 느낌을 확실히 받게 될 것입니다. 따라서 요한의 세례에서 중요한 것은 회개이지, 세례라는 의식 자체가 아닙니다. 다시 말해서 회개가 죄 사함을 가져오는 것이지, 세례라는 의식 자체가 죄를 씻어주는 것은 아닙니다. 그것은 죄를 씻는 것을 상징할 뿐입니다.

요한복음 2장 19절에 이렇게 말씀합니다.

"유대인들이 예루살렘에서 제사장과 레위인들을 요한에게 보내어 네가 누구냐? 물을 때에 요한의 증언이 이러하니라."

    요한이 요단강에서 세례를 베풀 때 거의 모든 유대인이 그에게 가서 세례를 받았습니다. 그만큼 세례 요한의 인기는 매우 높았습니다. 사람들이 그처럼 몰려든 것은 메시아에 대한 기대 때문입니다. 지금 이스라엘은 나라를 잃고 수백 년을 다른 민족의 지배를 받고 있습니다. 70년의 바벨론 포로 생활도 지긋지긋한데, 그 뒤 계속하여 페르시아, 그리스, 로마의 지배를 받고 종살이하고 있습니다. 하나님은 선지자들을 보내어 그런 그들을 구원하기 위하여 메시아를 보내 주시겠다고 약속하였습니다. 그러나 그 메시아가 언제 올지 알 수 없습니다. 무엇보다도 지난 사백 년간 그 선지자마저 나타나지 않았다는 것입니다. 메시아가 아니라 선지자라도 나타나서 메시아에 대하여 말해주면 좋겠는데, 무려 사백 년 동안 선지자도 나타나지 않았습니다. 압제는 계속되고 선지자조차도 나타나지 않았을 때 그들의 절망감은 더욱 커졌습니다.

    바로 그때에 세례 요한이 혜성과 같이 나타나서 회개의 세례를 전합니다. 그런 점에서 세례 요한은 샛별과도 같은 존재입니다. 샛별은 아침에 떠오르는 별입니다. 아침이 밝아오기 전에 어둠은 더욱 *깊어져 마치* 칠흑과 같이 됩니다. 그 가운데 *샛별이* 나타나면 *더욱 밝게 빛나게 됩니다.* 그것을 생각하면 사람들이 세례 요한에 거는 기대를 어느 정도 짐작할 수 있을 것입니다.

그러나 *이것은* 당시 종교 지도자들에게는 큰 위협이 *되었습니다.* 그들이 세례 요한의 인기에 질투를 느낀 것도 있겠지만, 무엇보다도 세례 요한이 전파하는 내용이 위협적입니다. 그는 죄 사함을 받게 하는 회개의 세례를 전파했습니다. 여러분이 구약 성경을 좀 아신다면 이것이 얼마나 제사장에게 위협이 되는지 쉽게 알 것입니다. 구약 성경 레위기에는 죄를 지은 사람이 용서받는 방법이 상세히 기재되어 있는데, 제사장에게 가서 소나 양을 제물로 드리는 것입니다. 또 대제사장은 1년에 한 번씩 대속죄일에 짐승을 제물로 바치고 지성소로 들어가서 죄를 자백하고 용서를 받았습니다. 그와 같이 짐승을 제물로 바치는 것은 사람이 죗값으로 죽어야 하지만, 짐승이 대신 죽는 것을 뜻합니다. 어찌되었건, 사람들이 죄를 씻기 위해서는 예루살렘에 있는 성전에 와야 하고 또 제사장이 그 사람들로부터 짐을 받아서 희생 제물을 드려야 합니다. 종교지도자들은 그 제사 의식에 기대어 생업에 종사하고 또 높은 지위를 누렸습니다.

그런데 요한의 말을 뒤집어 *보면* 이제 그런 것이 필요가 없는 것이 됩니다. 그런 제사는 필요 없고, 회개의 세례만 받으면 죄 사함을 받는다는 것입니다. 다시 말해서 제사라는 의식보다는 내면의 회개가 더 중요하다는 것입니다. 그러니 이것이 제사장들에게는 얼마나 큰 위협이 되는지 충분히 짐작이 갑니다. 그들은 아마도 이러다가는 제사 제도가 폐지되는 것이 아닌가 하는 생각도 했을 것 같습니다. 그렇게 되면 성전이 무슨 의미가 있겠습니까? 성전이 사라진다면, 종교 지도자들의 존재도 아무 의미가 없게 됩니다.

그래서 그들은 사람을 요한에게 보내어 그를 책잡기 위하여 네가 누구냐고 묻습니다. 그 말은 "네가 무슨 권위로 회개의 세례를 전하느냐? 네가 하나님이 보낸 선지자냐? 아니면, 우리가 기다리던 메시야냐?"라고 묻는 것입니다.

요한복음 2장 20~28절에 이렇게 말씀하고 있습니다.

"요한이 드러내어 말하고 숨기지 아니하니 드러내어 하는 말이 나는 그리스도가 아니라. 한대, 또 묻되, 그러면 누구냐? 네가 엘리야냐? 이르되 나는 아니라. 또 묻되, 네가 그 선지자냐? 대답하되 아니라. 또 말하되 누구냐 우리를 보낸 이들에게 대답하게 하라. 너는 네게 대하여 무엇이라 하느냐? 이르되 나는 선지자 이사야의 말과 같이 주의 길을 곧게 하라고 광야에서 외치는 자의 소리로라 하니라. 그들은 바리새인들이 보낸 자라. 또 물어 이르되 네가 만일 그리스도도 아니요 엘리야도 아니요 그 선지자도 아닐진대 어찌하여 세례를 베푸느냐? 요한이 대답하되 나는 물로 세례를 베풀거니와 너희 가운데 너희가 알지 못하는 한 사람이 섰으니 곧 내 뒤에 오시는 그이라 나는 그의 신발끈을 풀기도 감당하지 못하겠노라 하더라. 이 일은 요한이 세례 베풀던 곳 요단 강 건너편 베다니에서 일어난 일이니라."

요한이 세례를 베풀 때 사람들은 그가 메시아라고 생각했습니다. 메시아가 아니면 어떻게 대담하게 세례를 받는 것만으로 죄 사함을 받는다고 말할 수 있습니까? 또 메시아가 아니면, 최소한 엘리야는 된다고 생각했습니다. 구약 성경의 마지막 책인 말라기 4장 4절에서는 하나님께서 메시아를 보내기 전에 먼저 선지자 엘리야를 보내주실 것을 약속하였습니다. 그래서 그들은 요한에게 그가 메시아인지 아니면 엘리야가 아닌지를 묻고 있습니다.

그러나 요한은 메시아도 아니고, 엘리야도 아니라고 대답합니다. 단지 23절에서 "나는 선지자 이사야의 말과 같이 주의 길을 곧게 하라고 광야에서 외치는 자의 소리로라 하니라"라고 말합니다. 그러나 이것은 자신이 곧 엘리야라는 뜻입니다. 엘리야는 메시아 앞에 와서 메시아의 출현을 알릴 것입니다. 그런 점에서 그는 주의 길을 곧게 하는 광야에서 외치는 자의 소리입니다. 그래서 예수님은 마태복음 11장 13절에서 오리라고 한 엘리야가 바로 요한이라고 말씀하십니다. 요한이 자신은 엘리야가 아니라고 말한 것은 *겸손의 의미도* 있지만 무엇보다도 메시아이신 예수님을 *알리는* 사명에 집중하기 위한 것이었을 것입니다. 그래서 자신은 주목받지 않고 오직 *메시아만을 드러내고자 했습니다.* 여기서 중요한 것은 예수님을 맞이하는 것이 곧 회개하는 것이라는 사실입니다. 요한은 사람들이 예수님을 맞이할 수 있도록 회개의 세례를 베풀었습니다. 그러나 그는 자신이 실체가 아님을 분명히 밝히고 있습니다.

요한복음 2장 29~31절에 이렇게 말씀합니다.

"이튿날 요한이 예수께서 자기에게 나아오심을 보고 이르되 보라 세상 죄를 지고 가는 하나님의 어린 양이로다. 내가 전에 말하기를 내 뒤에 오는 사람이 있는데 나보다 앞선 것은 그가 나보다 먼저 계심이라 한 것이 이 사람을 가리킴이라. 나도 그를 알지 못하였으나 내가 와서 물로 세례를 베푸는 것은 그를 이스라엘에 나타내려 함이라 하니라."

요한은 자신의 사명을 정확하게 이해하였습니다. 그는 메시아가 아닙니다. 그의 역할은 메시아를 세상에 드러내는 일입니다. 29절에서 그 메시아는 세상의 죄를 지고 가는 하나님의 어린 양이라고 했습니다. 이 29절이 중요합니다. 요한의 세례는 죄 사함을 받게 하는 세례입니다. 그러나 사람의 죄가 어떻게 요단강 물에 들어갔다가 나온다고 해서 씻을 수 있습니까? 그것은 어디까지나 상징일 뿐입니다. 그런 점에서 동물의 제사도 마찬가지입니다. 죄를 지은 것은 사람인데, 어떻게 동물이 사람을 대신하여 죽을 수 있습니까? 그것이 가능하다면, 동물을 얼마든지 댈 수 있는 일론 머스크와 같은 부자는 얼마든지 죄를 지어도 되고, 그럴 형편이 못 되는 사람은 용서받기 힘들 것입니다. 그렇게 되면 어떻게 하나님이 공평하다고 말할 수 있습니까?

그런 것들은 어디까지나 상징일 뿐입니다. 그 상징이 가리키는 것은 바로 메시아 예수입니다. 예수는 인간의 죄를 짊어지고 십자가를 지실 것입니다. 구약의 제사에서 양이 인간의 죄를 짊어지듯 우리의 죄를 담당할 것입니다. 그래서 그는 하나님의 어린 양입니다. 하나님이 우리를 위해 친히 준비한 제물입니다. 요한은 자신의 세례가 그렇게 예수님의 고난을 상징하는 것이라고 말합니다. 따라서 이제 그 실체인 예수님의 세례에 대하여 살펴볼 차례입니다.

3. 예수님의 세례

예수님은 마태복음 28장 19~20절에서 세례에 대하여 이렇게 말씀하십니다.

> "그러므로 너희는 가서 모든 민족을 제자로 삼아 아버지와 아들과 성령의 이름으로 세례를 베풀고 내가 너희에게 분부한 모든 것을 가르쳐 지키게 하라. 볼지어다, 내가 세상 끝날까지 너희와 항상 함께 있으리라! 하시니라."

그러므로 세례는 우리가 안 받아도 되지만 받으면 더 좋은 옵션과 같은 것이 아닙니다. 믿는 사람이라면 모두 의무적으로 받아야 합니다. 예수 믿는다고 하면서 나는 세례를 받지 않겠다고 말하는 것은 예수님의 권위를 인정하지 않는 것입니다. 그런 사람은 구원받을 수 있는지 의심스럽습니다.

예수님의 세례에 대하여 사도 바울은 고린도전서 10장 1절에서 이렇게 말합니다.

> "형제들아 나는 너희가 알지 못하기를 원하지 아니하노니 우리 조상들이 다 구름 아래에 있고 바다 가운데로 지나며 모세에게 속하여 다 구름과 바다에서 세례를 받고."

모세가 이스라엘 백성을 이집트의 노예살이에서 해방하여 가나안으로 가고자 했을 때 그들은 반드시 홍해를 지나가야 했습니다. 이집트에서 나온 것만으로는 안 되고 홍해를 지나가야 이집트 경내를 벗어나 완전히 해방되는 것입니다. 그런데 홍해는 배를 타고 건너는 것이 아닙니다. 하나님이 바다를 가르시고 그들은 그 가운데 들어가서 건너야 합니다. 그들이 그렇게 홍해를 건너가도록 하신 것은, 이집트 생활을 청산하라는 것입니다. 다시 말해서 이집트에서 살던 방식을 홍해에 묻어놓으라는 것입니다. 그렇게 홍해에 묻고 나올 때 비로소 새로운 하나님의 백성이 되는 것입니다.

사도는 이것을 비유하여 세례에 대하여 말합니다. 세례는 원어의 뜻이 사람을 물에 담그는 것입니다. 그것도 완전히 담그는 것입니다. 그렇게 완전히 물에 잠길 때 과거의 삶은 죽었습니다. 그리고 다시 나올 때 완전히 새로운 사람이 되어 나오는 것입니다. 세례는 내가 죽고 다시 사는 사건입니다. 우리가 어떻게 죽고 다시 사는 겁니까? 바로 예수님을 믿는 믿음으로 사는 것입니다. 예수님은 우리의 죄를 위하여 십자가를 지셨습니다. 그리고 우리에게 새로운 생명을 주시기 위하여 무덤에서 사흘 만에 부활하셨습니다. 이제 이것을 믿는 사람은 예수와 함께 죽고 또 예수와 함께 사는 것입니다. 세례는 바로 이것을 상징하기 때문에 예수와 함께 죽고 함께 사는 것입니다. 다시 말해서 우리는 세례라는 의식을 통하여 예수님과 하나가 됩니다. 예수님의 죽음은 곧 나의 죽음이 되고 예수님의 부활은 곧 나의 부활이 됩니다. 우리는 세례를 받을 때 바로 그것을 경험합니다.

그런 점에서 세례는 가급적 침례가 좋습니다. 장로교에서는 약식 세례라고 하여 목사가 대접에 물을 떠 놓고 손에 적셔서 머리에 살짝 적시는 방식으로 세례를 베풉니다. 그러나 그것만으로는 실감이 잘 나지 않습니다. 물에 푹 빠졌다가 나와야 죽었다가 살아났다는 느낌을 확실히 받을 수 있습니다. 그래서 침례교는 세례를 인정하지 않고 침례만 인정합니다. 침례는 문자 그대로 몸을 물에 완전히 잠그는 것입니다. 그렇게 하면 내가 죽었다가 다시 살아났다는 느낌을 확실하게 받을 수 있는 장점이 있습니다.

그러나 교리적으로 볼 때 세례는 안 되고 침례만 된다고 고집하는 것도 문제가 있습니다. 왜냐하면 자세히 알 수는 없지만 성경에서 약식 세례 사례도 보이고 또한 교회사적으로 볼 때 아주 초창기부터 세례도 행해졌기 때문입니다. 예를 들면, 사도행전 16장을 보면 바울이 빌립보 감옥에 갇혔을 때 밤중에 옥문이 열리고 간수와 그의 가족에게 복음을 전하는 장면이 나옵니다. 이때 그 간수는 예수님을 믿고 온 가족이 세례를 받았습니다. 그렇다면 그들이 그 깊은 밤중에 어디로 가서 침례를 받을 수 있겠습니까? 그렇다고 해서 그 간수의 집에 수영장이 있었다고 말하기도 어렵습니다. 여러 가지 정황으로 볼 때 약식의 세례를 받았다고 보는 것이 옳을 것입니다. 그러나 할 수만 있다면 약식의 세례보다는 침례가 좋습니다. 우리 교회도 나중에 형편이 된다면, 침례 시설을 갖추고 침례를 했으면 더욱 좋겠습니다.

어쨌든 중요한 것은 세례는 예수님과 연합하여 예수와 함께 죽고 예수와 함께 사는 것입니다. 다른 것은 몰라도 이것만은 꼭 기억해 주었으면 좋겠습니다.

4. 성령의 세례

그런데 요한은 장차 *예수님께서* 베푸실 세례에 대하여 요한복음 1장 32~34절에 이렇게 말씀합니다.

"요한이 또 증언하여 이르되 내가 보매 성령이 비둘기같이 하늘로부터 내려와서 그의 위에 머물렀더라. 나도 그를 알지 못하였으나 나를 보내어 물로 세례를 베풀라 하신 그이가 나에게 말씀하시되 성령이 내려서 누구 위에든지 머무는 것을 보거든 그가 곧 성령으로 세례를 베푸는 이인 줄 알라 하셨기에 내가 보고 그가 하나님의 아들이심을 증언하였노라 하니라."

여기서 중요한 것은 33절입니다. 요한은 자신은 물로 세례를 베풀지만, 내 뒤에 오시는 분은 성령으로 세례를 베푼다고 말합니다. 다시 말해서 물세례는 본질이 아니고, 장차 예수님이 베푸시는 성령의 세례가 본질입니다.

예수님은 이 말을 받아서 요한복음 3장 6절에서 "진실로 진실로 네게 이르노니 사람이 물과 성령으로 나지 아니하면 하나님 나라에 들어갈 수 없다"라고 말씀하셨습니다. 그 말은 물세례는 상징이고 성령의 세례가 본질입니다. 그러므로 세례의 본질은 성령으로 세례를 받는 것입니다.

그렇다면 성령의 세례가 무엇입니까? 여기에 대하여는 장로교와 오순절 교단 사이에 의견의 대립이 있습니다. 먼저 오순절 교단에서는 성령의 세례를 말할 때 사도행전 2장의 사건을 말하면서 이미 예수님을 믿은 사람이 권능으로 충만해지는 것을 말하고, 그 특징으로 방언과 같은 은사 체험이라는 것입니다. 다시 말해서 우리가 예수님을 믿어 구원받은 후에 신자가 경험하는 초자연적인 체험, 은사와 능력으로 충만해지는 현상을 말한다고 주장합니다.

반면에 장로교에서는 우리가 예수님을 믿을 때 경험하는 성령의 내적 증거를 말합니다. 고린도전서 12장 3절에서 누구든지 성령으로 말미암지 않고서는 예수를 주시라 할 수 없습니다. 따라서 우리가 진정으로 예수님을 하나님의 아들이고 우리의 구세주라고 고백할 때 성령께서 우리 속에 들어오신다는 것입니다. 아니, 성령께서 오시지 않으면, 그렇게 고백할 수도 없다는 것입니다. 이렇게 성령으로 거듭난 사람은 그 내면의 인격이 변화되어 성령의 열매를 맺습니다. 성령 세례를 둘러싼 오순절과 장로교 사이에서 이런 논쟁은 한때 굉장한 파문을 일으켰고, 지금은 그 열기가 식었지만, 계속 진행되고 있습니다.

그러나 그 논쟁이 어떻든 요한이 말하는 성령의 세례란, 우리가 예수님을 믿을 때 내주하게 되는 사건을 말한다고 보아야 합니다. 그래야 문맥이 통합니다. 여기에 대하여는 자세히 말할 시간이 없으므로 이 정도로 해둡니다.

그런데 사실 잘 생각해 보면, 우리가 예수님을 구주로 믿는 사건은 평범한 사건이 아닙니다. 누구나 예수님을 믿을 수 있는 것이 아닙니다. 그것은 오직 예수님이 그 사람을 선택하여 성령을 보내주셔야 믿을 수 있습니다. 여러분은 스스로 믿기로 선택하고 *결정했다고* 말할지 모르지만, 사실 그렇지 않습니다. 어떤 사람은 믿고 싶은데 잘 안 되어 괴로워하는 사람도 많습니다. 우리 마음속에는 본질적으로 불신의 뿌리가 있습니다. 여기서 불신이라는 것은 하나님이 살아 계신 것을 믿지 않는다는 뜻이 아닙니다. 하나님이 계신다는 것은 철학이나 과학을 통하여도 알 수 있고 또 믿을 수 있습니다.

그러나 '그 하나님이 나의 삶을 통치하시고 주인이 되신다. 나는 그분의 말씀에 전적으로 순종해야 한다'는 것은 철학이나 과학을 통하여 알 수 없습니다. 아니, 우리 마음에는 근본적으로 그런 것을 싫어합니다. 왜냐하면 우리 속에는 하나님이 아니라 내가 주인이 되어야 한다는 생각이 뿌리박혀 있기 때문입니다. 성경은 이것을 완악하다, 돌 같다, 마음이 가죽같이 질기다, 교만하다는 등의 말로 표현합니다. 이 딱딱한 마음이 녹아져야 예수님을 믿을 수 있습니다.

요즘 주일 3부 기도회 시간에 성령에 대하여 강론하고 있는데, 그것을 들은 분은 좀 아실 것입니다. 본문 29절에서 요한은 예수님에 대하여 세상 죄를 지고 가는 하나님의 어린 양이라고 증언하였습니다. 그것은 요한이 정확하게 예수님의 십자가 사건을 미리 본 것입니다.

그러나 요한이 그렇게 증언하더라도 누가 그것을 믿을 수 있습니까? 더욱이 유대인들은 좀 낫겠지만, 우리 같은 이방인이 어떻게 그것을 믿을 수 있습니까? 지금은 우리나라에도 기독교 문화가 많이 들어와 이런 것이 자연스럽습니다. 그러나 백여 년 전 조선 말에는 이런 말은 말도 안 되는 것입니다. 이천 년 전 로마의 점령지 팔레스타인에서 십자가형으로 비참하게 처형당한 30대 청년이 조선 사람을 위하여 대신 죽은 것이라는 것을 누가 믿을 수 있겠습니까? 이건 정말 성령께서 그 사람의 영혼을 뒤집어 놓지 않으면 안 되는 것입니다. 성령은 정말로 믿지 못할 상황에 있는 사람에게도 믿게 하십니다.

우리는 세계에서 가장 기독교를 극심하게 탄압하는 북한에도 지하 교회가 있다는 것을 알고 있습니다. 그런 극심한 상황 속에서도 목숨 걸고 믿는 사람이 자꾸 생깁니다. 여러분은 그것이 신기하지 않습니까? 그것이 인간의 힘만으로 가능하다고 생각하십니까? 성령께서 하지 않으면, 안 되는 일입니다.

구약의 성도들은 율법을 가지고 있었습니다. 그들이 그 율법을 지키면 생명과 복을 얻게 되어 있었습니다. 그러나 그들은 그 율법을 지키지 못하였습니다. 그 결과 생명과 복 대신에 사망과 저주를 받았습니다. 그것이 이스라엘의 역사입니다. 그들이 왜 율법을 지키지 못했습니까? 율법을 몰랐기 때문입니까? 아닙니다. 그들은 율법을 줄줄 외울 정도로 잘 알았습니다. 그럼에도 *불구하고* 그들이 율법을 지키지 못한 이유는, 율법이 돌에 새겨져 있었지, 마음에 *새겨져 있지 않았기 때문입니다.* 율법이 마음에 새겨져야 지킬 수 있습니다.

율법의 핵심은 사랑입니다. 사랑이라는 것은 억지로 해서 되는 것이 아닙니다. 외부에서 압력을 넣어 억지로 하는 것은 이미 사랑이 아닙니다. 우리가 다른 사람을 사랑하려면, 사랑하는 것 그 자체가 좋아져야 합니다. 다시 말해서 사랑스러운 마음이 있어야 사랑하는 것입니다. 흔히 하는 말로 '<u>눈에 콩깍지가 씌어야 결혼한다</u>'고들 <u>하지요.</u> 왜 내가 이 남자, 이 여자를 사랑하게 되었는지, 그것을 어떻게 말로 설명할 수 있겠습니까?

우리가 하나님을 사랑하는 것도 그렇습니다. 하나님을 사랑하는 것 그 자체가 좋아져야 사랑할 수 있고 또 믿을 수 있습니다. 사랑하니까 믿는 것이고, 믿으니까 사랑하는 것입니다. 좋아하니까 사랑하는 것이고, 사랑하니까 좋아하는 것입니다. 이런 감정은 잘 구분이 되지 않고 총체적으로 오는 것입니다. 이것을 감정이라는 말로 표현하는 것도 한계가 있습니다. 하나님을 사랑하는 것에는 감정뿐만 아니라 의지와 지성도 동원되어야 합니다. 미국의 유명한 신학자 조나단 에드워드는 'affection'이라는 영어 단어를 사용하는데, 우리말에 상응하는 단어를 찾기 어렵습니다. 그냥 온 맘 다해, 온 정성 다해 사랑하는 것입니다. 이런 사랑은 정말이지, 성령께서 해 주시지 않으면 안 되는 것입니다. 인간의 힘으로는 안 되는 것입니다. 그래서 예수님은 우리에게 성령을 베풀어 주십니다. 예수님은 요한복음 7장 37~39절에서 이렇게 말씀하십니다.

"명절 끝날 곧 큰 날에 예수께서 서서 외쳐 이르시되 누구든지 목마르거든 내게로 와서 마시라. 나를 믿는 자는 성경에 이름과 같이 그 배에서 생수의 강이 흘러나오리라 하시니 이는 그를 믿는 자들이 받을 성령을 가리켜 말씀하신 것이라. (예수께서 아직 영광을 받지 않으셨으므로 성령이 아직 그들에게 계시지 아니하시더라)"

이렇게 성령이 생수의 강처럼 그 속에서 쏟아져 나와야 믿을 수 있습니다. 그런 사람만이 그의 인격이 변하여 예수님을 닮게 되는 것입니다.

5. 맺는말

히브리서 6장 1~2절에서 세례를 말할 때 세례라고 말하지 않고 복수를 나타내는 세례들이라는 말을 사용한 것은 세례의 의미를 잘 알라는 뜻이 담겨 있습니다. 세례는 단지 우리가 기독교인이 되는 의식이 아닙니다. 우리의 죄를 회개하고 예수님을 믿는 것이 세례의 본질입니다. 그렇게 할 때 하나님은 우리에게 성령을 보내주셔서 하나님의 아름다움을 보게 하십니다. 아니, 이미 성령을 보내주셔서 우리를 회개하고 또 믿게 만듭니다.

우리는 그 성령의 세례를 통하여 예수님과 결합합니다. 예수님의 죽음은 곧 나의 죽음이 되고 예수님이 부활은 곧 나의 부활이 됩니다. 그러므로 세례에는 참으로 어마어마한 내용이 담겨 있습니다. 그것은 단지 물로 적시는 의식이 아닙니다. 첫째는 예수와 함께 죽는 것이고 둘째는 예수와 함께 사는 것입니다. 이런 사람은 이제 새 생명을 얻는 것입니다. 예수님의 약속대로 그 배에서 생수의 강이 흘러나올 것입니다. 물의 세례는 그것을 확증해 줍니다.

그러므로 물의 세례를 받을 때 대개 성령의 세례도 함께 임합니다. 물론 그 둘이 일치하지 않을 때도 있지만, 대개는 일치합니다. 저만 하더라도 세례를 받을 때 갑자기 예수님이 나의 구주라는 강한 확신이 들어왔습니다. 물론 전에도 그것을 믿었지요. 믿었으니까 세례를 받았지요. 그러나 전의 믿음은 희미한 것이라면, 세례 받을 때 밀려온 확신은 확고부동한 것이었습니다. 그런 점에서 돌이켜보면 저는 세례를 받을 때 성령의 세례를 받았습니다. 예수님의 말씀대로 그 배에서 생수의 강이 흘러나오는 경험을 한 것입니다.

이런 경험을 해야 이 험한 세상을 살아갈 수 있습니다. 지금 이 나라는 계엄과 탄핵으로 인하여 매우 혼잡스럽습니다. 어떤 분은 심장이 떨려 잠도 제대로 못 주무신다고 말합니다. 예수 믿는 사람은 담대해야 합니다. 그 배에서 생수의 강이 흘러내리면 담대해집니다. 지금 이 나라의 상황이 어떻든 반드시 주님이 승리합니다. 주님은 언제나 승리합니다. 일시적으로 패배하는 것으로 보여도 승리합니다. 과거도 그랬고 현재도 그렇고 앞으로도 그럴 것입니다. 우리는 그것을 믿으며 담대히 기도의 자리에 나아가는 것입니다. 그것이 성령의 세례를 받은 사람의 특징입니다.

기독교 신앙의 기초

IV. 신앙의 기초 제4단계: 안수에 대하여

히브리서 9:11~14

1. 안수가 그렇게 중요한가?

여러분은 이제 히브리서 6장 1~2절에서 말하는 신앙의 기초 여섯 가지를 외울 수 있겠지요. 첫째, 죽은 행실을 회개함, 둘째, 하나님께 대한 신앙, 셋째, 세례들, 넷째, 안수, 다섯째, 죽은 자의 부활, 여섯째, 영원한 심판입니다. 우리는 신앙의 여섯 가지 기초 중에서 네 번째 안수에 대하여 알아볼 차례입니다.

지난 회까지 회개, 믿음, 그리고 세례들의 세 가지에 대하여 알아보았는데, 다시 정리하면, 우선 회개는 기독교 신앙의 첫걸음입니다.

우리가 하나님을 믿기에 앞서서 과거의 죽은 행실을 회개해야 합니다. 자신의 죄를 회개하지 않고 하나님을 믿는다는 것은 하나님을 속이는 일입니다. 또한 우리는 하나님이 우리를 구원하실 것을 믿기 때문에 회개의 자리에 나아오는 것입니다. 우리가 이렇게 회개하고 예수님을 믿을 때 하나님은 그의 성령을 보내주셔서 우리를 새롭게 하십니다. 이것을 중생이라고 합니다.

이 중생에 대하여 디도서 3장 5절에서는 "우리를 구원하시되 우리가 행한 바 의로운 행위로 말미암지 아니하고 오직 그의 긍휼하심을 따라 중생의 씻음과 성령의 새롭게 하심으로 하셨나니"라고 했습니다.

중생의 씻음이라는 말은 회개하여 죄 사함을 받는 것을 말합니다. 여기서 씻음이라는 단어에서 우리는 세례를 떠올립니다. 그래서 신앙의 기초로서 첫째, 회개, 둘째, 믿음, 다음에는 자연스럽게 셋째, 세례가 나옵니다. 그런데 히브리서에서 세례를 단수로 말하지 않고 세례들이라고 하는 복수를 사용한 데에는 세례에는 외형적 세례와 내적인 세례 두 가지가 있기 때문입니다. 물의 세례는 외형적인 표지이고, 내적인 세례는 성령의 세례입니다.

회개와 믿음 그리고 세례 즉, 중생의 씻음은 거의 동시에 진행된다는 것을 알 수 있습니다. 우리가 교리를 이해하기 위해서는 이런 개념을 하나씩 설명할 수밖에 없지만, 그것들이 동시에 일어나는 일이기 때문에 총체적으로 이해해야 합니다. 그렇지 않으면 단편적인 지식에 그치고 말 것입니다.

　이렇게 죄를 회개하고 예수님을 믿어 세례를 받은 사람은 일차적으로 구원을 받았다고 보아야 합니다. 그는 죄로부터 건짐을 받고 하나님 나라의 백성이 되었습니다. 그렇다면 그 다음의 신앙 단계는 무엇일까요? 기독교 교리를 좀 아는 사람들은 당연히 성화라고 말할 것입니다. 칭의 다음에는 당연히 성화가 나오는 것이지요.

　그런데 히브리서 6장에서는 그 다음 단계를 성화라고 말하지 않고 안수라고 합니다. 여러분은 안수가 신앙의 여섯 가지 기초 진리 중에 포함된 것이 좀 이상스럽지 않습니까? 안수가 기초 진리라고 할 만큼 중요합니까? 사실 저도 안수가 네 번째 기초 진리라고 하는 데에는 좀 당황스러웠습니다. 아니, 어떻게 안수가 기독교 신앙의 여섯 기초 중 하나가 될 수 있습니까? 제가 신앙의 여섯 기초 시리즈를 준비하면서 가장 어려운 것이 이 점이었습니다.

　물론 오순절 교단에 계신 분들은 안수를 중요시하는 전통에 있기 때문에 그럴 수도 있다고 생각할 수도 있습니다. 그러나 아무리 오순절 교단이라고 하더라도 안수가 신앙의 기초 진리에 해당하는 데는 의문이 있을 것입니다. 왜냐하면, 장로교든 오순절이든 안수에 대하여 조직 신학에서 거의 다루지 않고 있고, 설령 다룬다고 하더라도 매우 작은 비중을 차지하고 있기 때문입니다. 그저 부흥사들이나 강조하는 주제로 되어 있습니다.

사정이 그렇다 보니 저도 여러분에게 안수라는 제목을 가지고 설교한 일도 없었던 것 같습니다. 물론 단편적으로는 말씀드렸겠지만, 안수라는 주제 하나만 가지고 집중적으로 설교한 일은 제 기억으로는 없습니다. 그런데도 히브리서 6장에서는 안수를 신앙의 여섯 가지 기초 중 하나라고 말하고 있다면, 저나 신학자들이 잘못되었습니까? 아니면 성경이 잘못되었습니까? 당연히 저나 조직신학자들이 잘못한 것입니다.

성경에서 안수를 신앙의 여섯 가지 기초로 말할 정도로 중요하게 여긴다면, 우리도 그렇게 중요하게 여겨야 합니다. 그런데도 우리가 소홀히 한 것은 우리의 잘못입니다. 우리의 신앙은 언제나 성경에 바탕을 두어야 합니다, 성경에서 중요하게 다루고 있는 것은, 우리도 중요하게 생각해야 하고, 성경에서 중요하지 않게 다루는 것에 대하여는 우리도 집착할 필요가 없습니다.

2. 안수에 대하여

안수는 손을 사람의 머리에 얹고 기도하는 것을 말합니다. 손으로 다른 사람의 신체를 접촉하는 것은 자연스러운 인간의 행동 반응입니다. 부모는 자식이 아프다고 할 때 먼저 머리에 손을 얹고 열이 있는지 살펴보지요. 또 오랜만에 만난 사람과 악수하는 것은 친밀함의 표시입니다. 친밀한 사람끼리는 양 팔로 상대방의 등을 껴안는 허깅을 합니다. 그러나 요즘은 남녀 사이에 아무리 친하더라도 함부로 신체 접촉하면, 성추행범으로 오해받을 수 있으니 조심해야 합니다.

그런데 성경이 안수를 신앙의 기초 진리로 포함시킬 정도로 중요하게 여기는 이유는 무엇일까요? 여러분의 이해를 돕기 위하여 성경에 나오는 안수의 사례를 먼저 살펴보는 것이 좋은데, 대략 다섯 가지의 유형이 있습니다.

첫째는 축복을 위한 안수 기도입니다. 그 대표적인 예는 창세기 48장에 나옵니다. 야곱에게는 열두 아들이 있었고, 그중 요셉이 가장 출세하였지요. 그는 이집트의 총리이지만, 아버지의 축복이 중요하다는 것을 알았습니다. 그래서 아버지가 임종하기 직전에 두 아들 므낫세와 에브라임을 데리고 갔습니다. 므낫세는 장남이고 에브라임은 차남입니다. 그래서 요셉은 므낫세를 아버지의 오른손을, 에브라임은 왼손을 댈 수 있도록 앉혔습니다. 그런데 야곱은 팔을 엇바꾸어 오른손은 차남 에브라임에게, 왼손은 장남 에브라임의 머리에 얹고서 축복 기도합니다. 그러자 요셉은 아버지가 눈이 멀어 잘못 본다고 생각하고 야곱의 오른손을 므낫세로 옮기고자 하였습니다. 그러나 야곱은 그렇게 하지 말라고 말하면서 팔을 어긋나게 축복기도 합니다. 그는 므낫세가 장자인 줄 알지만, 성령의 감동으로 차남 에브라임이 장남 므낫세보다 더 큰 자가 될 것을 알았기 때문에 그렇게 기도한 것입니다. 또 마가복음 10장 13~16절에는 사람들이 예수님께 아이를 데려와서 만져주기를 바라자, 제자들이 성질을 내면서 아이들의 접근을 막았습니다. 그러나 예수님은 아이들이 오는 것을 막지 말라고 말씀하시면서 아이들을 안수하였고 심지어 안아주시면서 축복하셨습니다.

둘째는 교회의 직분을 맡길 때 안수 기도합니다. 민수기 27장에서 모세는 여호수아에게 안수하여 자기의 후계자로 세웠습니다. 사도행전 6장 6절에서는 사도들이 일곱 집사를 선출하고 그들에게 안수하여 직분을 맡겼습니다. 오늘날에도 교회에서 목사나 장로, 안수 집사를 임직할 때 안수하여 기도합니다. 이런 직분들에 대하여 안수하는 것은 그 직분이 인간이 선택한 것이 아니라 하나님이 선택하였다는 의미를 담고 있습니다.

셋째는 교회의 특별한 임무를 맡길 때 안수하였습니다. 사도행전 13장 2절에서는 성령께서 안디옥 교회의 지도자들에게 바나바와 바울을 지목하면서 그들에게 이방인 선교의 일을 맡기면서 안수할 것을 말씀하셨습니다. 오늘날에도 교회에서 선교사를 파송할 때 안수하여 기도합니다. 그렇게 기도하면 하나님께서 그 선교사에게 권능을 부어주십니다. 마음이 담대해지고, 하나님의 권능이 함께 하기 때문에 복음을 전할 수 있는 것입니다.

넷째는 병자의 치유와 귀신을 쫓아내기 위하여 안수하였습니다. 이에 대한 구절은 너무도 많습니다. 예수님께서는 마가복음 16장 17~18절에서 "믿는 자들에게는 이런 표적이 따르리니 곧 그들이 내 이름으로 귀신을 쫓아내며 새 방언을 말하며 뱀을 집어 올리며 무슨 독을 마실지라도 해를 받지 아니하며 병든 사람에게 손을 얹은즉 나으리라"라고 말씀하셨습니다.

사도행전을 보면 3장에서 베드로와 요한은 선천적으로 걷지 못하는 사람의 손을 잡고 일어나 걸으라고 하였을 때 그가 걷기도 하고 뛰기도 하였습니다. 또 사도행전 5장 12~16절에서는 안수에 관하여 말하는데, 사도들의 손을 통하여 민간에 표적과 기사가 많이 일어났다, 백성들이 믿고 주께로 나아오는 자가 더 많으니 심지어 병든 사람을 메고 거리에 나가 침대와 요 위에 누이고 베드로가 지날 때에 혹 그의 그림자라도 누구에게 덮일까 바랐다, 이에 병든 사람과 더러운 귀신에게 괴로움 받는 사람들이 나았다고 보고합니다. 사도행전 8장에서는 사도들뿐만 아니라 사도들로부터 안수를 받은 빌립 집사도 사마리아에 가서 전도할 때 귀신을 쫓아내고 병자들이 고침을 받았습니다.

다섯째는 성령의 세례를 베풀거나 성령의 은사를 전수할 때 안수하였습니다. 사도행전 19장에서 바울이 에베소에서 복음을 전하고 세례를 베풀 때 안수기도하였고, 그때 성령이 그들에게 임하여 방언도 하고 예언도 하였습니다. 예수님은 마가복음 16장 17절에서 믿는 자들의 표적으로서 새 방언을 말하게 될 것이라고 말씀하셨고, 그것이 실제적으로 안수를 통하여 이루어졌습니다. 이런 기적은 오늘날에도 있습니다. 물론 안수하지 않고 예배나 기도회에 참석하는 것만으로도 이런 기적이 일어날 수도 있지만, 안수를 통하여 일어나는 것이 보통입니다.

그렇다면, 안수의 효과는 어떨까요? 성경에서 안수하여 축복할 때 그 기도한 그대로 이루어진 사례는 얼마든지 있습니다. 실제로 야곱이 안수기도한 대로 에브라임은 차남이지만, 그의 형 므낫세보다 자손이 크게 번창하였습니다.

저는 지금도 큰아이가 고등학교 때 저에게 안수기도 받기를 사모한 것이 기억납니다. 그때 아이는 시골에서 서울로 전학 와서 성적이 좀 나빴습니다. 자기 생각으로는 도저히 좋은 대학에 진학하기 어렵다고 생각했던 것 같습니다. 이 상황을 타개하려면 기도밖에 없다고 생각했는지, 아버지의 안수를 받기 사모하였습니다. 제가 아침 일찍 출근하려고 나가면 눈도 제대로 뜨지 못한 채 방문을 빼꼼 열고 머리를 내밀고서는 "아빠, 기도"라고 했습니다. 그럴 때 아이에게 생각지도 않은 미국 유학 길이 열렸습니다. 저는 그것이 축복의 안수기도 때문이라고 믿습니다.

또 제가 아이를 미국에 데려갔다가 돌아오는 길에 뉴욕 JFK 공항에서 헤어지는데, 아이는 혼자 남기가 겁이 났는지, 그 공항에서 시멘트 바닥에 무릎을 꿇고 기도를 요청했습니다. 아이는 그런 기도 때문에 10년의 미국 유학을 마치고 지금은 아이 셋을 낳고 잘 삽니다.

이런 축복의 기도는 목사가 아니더라도 여러분의 자녀에게 할 수 있습니다. 여러분들은 여러분의 자녀들의 머리 위에 손을 얹고 축복기도해 주십시오. 그러면 하나님이 여러분의 기도를 듣고 자녀에게 큰일을 행하십니다. 큰아들은 그런 경험이 있어서 그런지, 지금도 가정 예배가 끝나면 손자 셋을 제 앞에 세우고 축복기도를 받도록 합니다. 이것은 정말 성경적입니다.

또 성경에는 교회의 직분을 위임하거나 특별한 임무를 맡길 때 안수기도하면 하나님의 특별한 지혜와 능력이 임하는 장면을 자주 볼 수 있습니다. 신명기 34장 9절에서는 모세가 그의 후계자인 눈의 아들 여호수아에게 안수하였을 때 그에게 지혜가 충만하였다고 했습니다. 지도자에게 중요한 것은 지혜입니다. 지도자에게 지혜가 없으면 따르는 사람이 고생입니다. 잠언 11장 14절에서 지도가 없으면 백성이 망하고, 지략이 많으면 평안을 누린다고 했습니다. 그런 점에서 오늘날 한국 정치 지도자들이 지혜가 있어야 합니다. 지혜가 없이 저렇게 싸우니 백성인 우리가 이렇게 고생하는 것입니다.

그런 점에서 정치 지도자들이 목사님들로부터 안수기도를 받았으면 좋겠습니다. 선거 때가 되어 당선을 바라고 안수기도 받는 것도 중요하겠지만, 그것보다도 나라를 다스릴 때 지혜를 구하기 위하여

기도 받는 것이 더 중요합니다. 이상하게도 당선이 되고 나서 하나님의 지혜를 구하기 위하여 목사님들로부터 안수기도를 받았다는 정치인의 이야기를 들어본 일이 없습니다. 그것은 이 나라 정치가들이 서로 권력욕에 취하여 나라를 망치고 있는 증거입니다.

바울은 디모데후서 1장 6절에서 "내가 나의 안수함으로 네 속에 있는 하나님의 은사를 다시 불일 듯 하게 하였다"라고 말합니다. 그것은 바울이 디모데를 안수하였을 때 성령의 은사가 불일 듯 일어났다는 뜻입니다.

이처럼 안수는 단순히 종교적 의식이나 상징이 아닙니다. 우리 눈에는 보이지는 않지만, 영적인 세계에서 무엇인가가 실제적인 것이 일어납니다. 그러나 그것이 무엇인지는 아직도 명확하게 규명되지 못하는 것들이 많습니다. 이런 점에서 너무 잘난 척해서는 안 됩니다. 어떤 목사님은 신령하다고 하면서 안수에 관한 신비스러운 영적 현상을 너무 떠벌리면서 말하는데, 허풍이 많이 섞여 있습니다. 또 그런 이야기 가운데, 비성경적인 것도 많이 있습니다. 여러분은 그런 말에 현혹되지 말고, 성경이 이야기하는 것만 붙잡기 바랍니다. 성경을 벗어나서 영적인 것을 구하면 바로 마귀와 접촉하기 쉽습니다. 그래서 우리는 이런 영적인 신비한 현상에는 조심하여 접근해야 합니다.

이와 관련하여 임파테이션(impartation) 논쟁이 있습니다. 이것은 주로 오순절 교단에서 주장하는 것이지요. 임파테이션이라는 영어 단어는 '선이'라는 뜻입니다. 안수기도 할 때 영적인 파워의 전이가 일어난다는 뜻으로 사용합니다. 그러나 장로교 계통에서는 이것을 인정하지 않으려는 경향이 있습니다. 그 이유는 임파테이션을 주장하는 사람들이 마치 성령을 자신의 전유물인 것처럼 여겼기 때문입니다. 고린도전서 12장에서 성령의 은사는 성령께서 원하시는 대로 부어주신다고 했습니다. 사람이 자기 마음대로 주는 것이 아닙니다.

사실 오순절 계통의 사역자들을 보면 영적 전이를 너무도 강조한 나머지, 마치 자기가 성령을 부어주는 것처럼 과장하는 분들이 더러 있습니다. 예를 들면 "불로, 불로" 하고 외치면서 불을 집어던지는 시늉을 하는 것이지요. 그렇게 할 때 사람들이 불을 받는 시늉을 하면 성령의 불이 임한다는 것입니다. 그러나 그것은 잘못하면 성령을 자기의 소유물인 것처럼 취급한다는 점에서 성령 하나님께 무례한 행동이 될 수 있습니다. 그런 점에서 그분들은 장로교 목사님들의 비판을 경청할 필요가 있습니다.

그러나 영적인 전이가 없다고 말하는 것도 문제가 있습니다. 저는 영적 전이가 있다고 생각합니다. 또 저 자신도 그런 영적 전이를 체험하였습니다. 제가 대학교 시절 고시를 공부하면서 장래를 고민한 일이 있습니다. 그때 한얼산 기도원에 들어가 기도하였는데, 그 기도원 원장님이 당대에 이름을 떨친 이천석 목사님입니다. 이 목사님은 욕쟁이로 유명하지요. 이분이 제게 손 얹고 기도할 때 제 속에 뭔가 불덩어리 같은 것이 들어왔습니다. 그것이 너무도 강력하여 저는 뒤로 벌렁 자빠졌습니다. 그것이 너무도 신기하여 몇 달 있다가 다시 기도원에 가서 안수를 받았는데, 그때는 처음보다 강력하지는 않았습니다. 아마 제가 받을 분량을 이미 받았기 때문일 것입니다.

어쨌든 저는 그날 이후 매우 지혜로워졌습니다. 하나를 배우면 열을 깨닫는다는 말이 있는데, 제가 그것을 체험하였습니다. 사법시험을 공부하는데, 전에는 이해가 되지 않아서 암기하기가 힘들었습니다. 그러나 그 이후 이해가 되니 술술 암기가 되었습니다. 그 덕분에 사법시험에 일찍 합격할 수 있었습니다.

또 제가 여러분을 위하여 기도할 때 특별한 능력이 흘러 들어가는 것을 느끼는 경우가 있습니다. 그런 느낌이 어떤 때는 강하게 느껴지기도 하고 어떤 때는 미세하게 느껴지기도 합니다. 그럴 때 치유의 효과가 금방 나타나는 것을 자주 봅니다. 늘 그렇게 되면 좋겠지만, 늘 그런 것은 아닙니다. 어떤 경우에 저는 강하게 느끼지만, 기도 받는 분은 별로 느끼지 못할 수도 있고, 그 반대로 기도 받는 분은 강하게 느끼는데, 저는 못 느낄 수도 있습니다. 어쨌든 우리로서는 그런 신비적인 현상을 모두 이해할 수는 없습니다.

그런 것을 모두 안다고 떠벌리는 목사는 문제가 있다고 보면 됩니다. 우리는 그런 신비적인 현상에 겸손해야 하고 성경에서 답을 구해야 합니다. 그러나 임파테이션을 주장하는 분들의 문제는 마치 그런 능력이 목사 자신에게서 나오는 것처럼 행동하는 것입니다. 그래서 안수기도 히여 병자를 좀 고치고 나면 이제 내 능력이 고갈되어서 지쳤다고 말하기도 합니다. 사실 그 말에는 안수기도로 지친 것도 있지만, 은근히 자기를 자랑하는 것이 암시되어 있습니다. 인수하는 사람은 그 능력이 자신에게서 나오는 것이 아닙니다. 능력은 어디까지나 하나님으로부터 나오는 것입니다.

다시 말해서 모세가 여호수아에게 안수하였을 때 여호수아가 지혜로워졌는데, 그 지혜의 능력은 모세에게서 나온 것이 아닙니다. 그것은 어디까지나 모세의 안수를 통하여 하나님이 여호수아에게 능력을 부어주신 것이지요. 만일 그렇지 않다면, 모세의 지혜가 여호수아에게 전이되었으므로 모세의 지혜는 바닥이 났다고 말해야 합니다. 그러나 그것이 아니라는 것은 상식입니다.

그러므로 이제 임파테이션을 주장하는 분들은 그 능력이 자신에게서 나온 것이 아님을 명심해야 합니다. 그렇지 않으면 나중에 교만에 빠져서 남은 구원하고 자기는 구원을 받지 못하게 될 수도 있습니다.

그런데 이런 일반적인 안수 이외에도 특별한 안수가 있습니다. 그것은 동물에 안수하는 것입니다. 구약 성경 레위기는 제사와 절기에 관한 것을 기록하고 있습니다. 제사와 절기는 우리에게 익숙하지 않기 때문에 잘 읽지 않습니다. 그러나 레위기는 성경에서 중요한 책입니다. 특히 예수님의 대속적인 사역을 이해하기 위해서는 구약의 제사 제도를 알아야 합니다.

> **레위기 1장 3~4절** "이스라엘 자손에게 말하여 이르라 너희 중에 누구든지 여호와께 예물을 드리려거든 가축 중에서 소나 양으로 예물을 드릴지니라. 그 예물이 소의 번제이면 흠 없는 수컷으로 회막 문에서 여호와 앞에 기쁘게 받으시도록 드릴지니라. 그는 번제물의 머리에 안수할지니 그를 위하여 기쁘게 받으심이 되어 그를 위하여 속죄가 될 것이라."

번제라는 것은 살아 있는 동물을 죽이고 그 살을 각을 떠서 불에 태우는 제사입니다. 그 동물을 죽이기에 앞서 그 동물의 머리에 안수하라는 것입니다. 그것은 그 사람의 죄가 동물에게 전가되어 동물이 대신 죽는 것을 뜻합니다.

구약시대에는 이렇게 사람이 지은 죄를 동물이 대신하여 죽음으로써 그 죄가 사함을 받았습니다. 그러나 이건 어디까지나 예표입니다. 어떻게 죄를 지은 것은 사람인데, 동물이 대신하여 사람의 죄를 대신할 수 있겠습니까? 여러분이 여기 사형수가 있는데, 소나 양이 대신 죽었기 때문에 형을 면제해준다고 말하면, 누가 그것을 공평하다고 말할 수 있겠습니까? 그러므로 구약에 나오는 동물의 제사는 장차 나타날 완전한 제사의 예표입니다.

이제 신약에서 예수님께서 십자가에서 죽임을 당하셨는데, 그것이 바로 참된 제사의 원형입니다. 히브리서 9장 13~14절은 바로 그것을 말합니다.

> "염소와 황소의 피와 및 암송아지의 재를 부정한 자에게 뿌려 그 육체를 정결하게 하여 거룩하게 하거든 하물며 영원하신 성령으로 말미암아 흠 없는 자기를 하나님께 드린 그리스도의 피가 어찌 너희 양심을 죽은 행실에서 깨끗하게 하고 살아 계신 하나님을 섬기게 하지 못하겠느냐?"

우리가 예수님을 믿는다는 것은 예수님의 몸에 안수하는 것에 비유할 수 있습니다. 예수님은 우리를 위하여 십자가에서 죽임을 당했습니다. 그 예수님께 우리의 손을 갖다 대면, 마치 구약시대 제사장이 동물의 머리에 안수할 때 죄가 동물에게 전가되듯이, 우리의 죄가 예수님께 전가되어 사함을 받는 것입니다.

안수에는 이런 중요한 의미가 있습니다. 어쩌면 바로 이것 때문에 히브리서가 안수를 신앙의 여섯 기초 중 하나로 꼽은 것 같습니다.

3. 안수의 중요성

안수는 중요합니다. 비록 그 중요성을 우리가 느끼지 못하더라도 성경이 기독교의 여섯 가지 기초 진리 중 하나로 손꼽을 만큼 중요하다고 말한다면, 우리도 그 중요성을 깨닫고 안수에 대하여 부지런히 배워야 합니다.

그렇다면 안수가 왜 그렇게 중요할까요? 저는 이 점에 대하여 깊이 생각했습니다. 그랬더니 안수는 우리가 생각하는 것보다 훨씬 중요하고 또 성경에서 많이 다루어졌다는 것을 알게 되었습니다. 다만 우리가 그것을 깨닫지 못한 것뿐입니다. 제가 안수의 다섯 가지 유형에 대하여 말씀드렸습니다. 첫째는 축복기도이고, 둘째는 위임의 식이고, 셋째는 사명을 위한 것이고, 넷째는 치유나 축사를 위한 것이고, 다섯째는 성령의 세례 또는 충만, 은사를 위한 것입니다.

이런 안수는 단순한 종교적 의식이 아닙니다. 안수를 통하여 하나님은 큰일을 하십니다. 그렇다고 해서 안수 자체가 큰 능력이 있다고 말해서는 안 됩니다. 세례에서 중요한 것은 믿음이고 또한 성령의 세례라고 말씀드렸습니다.

그와 같이 안수에서도 중요한 것은 믿음이고 또 성령의 권능입니다. 우리는 세례라는 의식이 없어도 믿음으로 구원받고 또 성령을 받을 수도 있습니다. 그와 같이 안수를 하지 않더라도 기도하면 축복, 신유, 권능이 임합니다. 그러나 하나님은 안수라는 우리 눈에 가시적으로 보이는 예식을 허락하심으로써 우리의 연약한 믿음을 북돋우고 계십니다.

무엇보다도 이런 예식은 교회의 일체성을 가져다주고 또 세상 속에서 복음을 전파할 수 있도록 해줍니다. 목사나 장로의 위임식에서 안수하는 것은 권위의 계승입니다. 그것을 거슬러 올라가면 사도들에게까지 갑니다. 사도들은 당연히 예수님께 가는 것이지요. 그렇게 하여 우리의 믿음은 최종적으로 예수님에게 근거를 둔 것입니다. 우리의 신앙은 예수님께 뿌리를 두고 전 세계의 교회가 하나가 됩니다. 그 하나 됨은 안수를 통하여 권위의 계승으로 이루어집니다.

또한 안수를 통하여 축복을 받고, 안수를 통하여 병의 고침을 받고, 안수를 통하여 지혜와 권능이 주어집니다. 하나님이 교회의 지도자들에게 안수라는 권능을 주심으로써 세상 속에 하나님을 드러낼 수 있도록 해주셨습니다.

그런 점에서 오늘 본문 열왕기하 13장의 이야기는 안수를 이해하는 데 중요한 자료가 됩니다. 엘리사는 구약의 선지자 중에서 많은 기적을 행한 분으로 유명합니다. 심지어 그는 어떤 군대보다도 강한 권능을 행사하였습니다. 그런데 그 엘리사가 죽을병이 들었습니다. 그러자 이스라엘의 왕 요아스가 울면서 그를 찾아옵니다. "이스라엘의 병거와 마병이여" 하고 부르짖습니다. 그동안 '엘리사의 권능으로 나라가 안전하게 지켜졌는데, 이제 당신이 가시면 누가 이 나라를 지킬 수 있습니까?' 하는 뜻으로 말한 것입니다.

요아스는 별로 좋은 왕은 아니지만, 엘리사가 하나님의 사람인 줄은 알았습니다. 그것을 본 엘리사가 요아스를 딱하게 여겨 마지막으로 안수합니다. 왕에게 활을 가져와서 시위를 당기게 하고 자신의 손을 왕의 손에 올려놓습니다. 화살이 날아가자 이것은 하나님의 구원의 화살이라고 말합니다. 그리고 왕에게 화살을 집어서 땅을 치라고 말합니다. 그러자 요아스 왕은 화살을 집어 들고 땅을 세 번 치고 그칩니다. 이에 엘리사가 노하여 말합니다. 당신이 대여섯 번 쳤다면, 이스라엘의 원수 아람을 완전히 진멸하였을 것인데, 세 번밖에 치지 않았으니 왕이 세 번만 아람을 치게 될 것이라는 것입니다. 실제로 요아스는 아람을 세 번 쳐서 이기는 데 그쳤습니다.

이 이야기가 말하는 것은 안수가 실제적이라는 것입니다. 엘리사가 요아스에게 안수하지 않고 기도할 수도 있습니다. 그렇게 기도하더라도 하나님은 엘리사의 축복기도를 들으시고 요아스에게 복을 주실 수 있습니다. 그러나 엘리사가 안수함으로써 요아스의 연약한 믿음을 도와주는 것입니다. 물론 그가 엘리사가 말한 대로 화살을 여러 번 땅에 쳤으면 얼마나 좋았겠습니까? 그런 점에서 요아스는 믿음이 작은 자입니다. 그래도 그는 엘리사의 말을 믿었고, 그래서 화살을 땅에 친 것이 아닙니까?

그러므로 안수도 중요하지만, 안수에 따르는 믿음도 중요합니다. 안수하는 사람과 안수 받는 사람의 믿음이 결부되면 큰 능력이 나타나는 것입니다. 엘리사가 바란 것은 바로 그런 것인데, 참으로 안타깝게도 요아스의 믿음이 그 정도에는 이르지 못한 것입니다.

이처럼 안수는 실제적인 것입니다. 그것은 단순한 종교의식이 아닙니다. 그런 점에서 안수 받는 것도 조심해야 합니다. 안수를 잘못 받다가 더러운 영에 접촉되어 귀신이 들렸다는 사례가 더러 있습니다. 모두 믿을 것은 못 되지만. 그렇다고 해서 무시할 수도 없습니다. 그러므로 여러분은 신령하다는 소문이 났다고 해서 아무에게나 안수를 받으면 안 됩니다. 잘못하면 악한 영에 접촉될 수 있습니다.

그러나 축복을 위한 안수기도는 부모 또는 할아버지가 얼마든지 할 수 있습니다. 아니, 그것을 적극 활용하기를 바랍니다.

4. 거룩한 손을 들어 기도하라

디모데전서 2장 8절에서 사도는 우리에게 거룩한 손을 들어 기도하라고 말합니다. 우리가 지금 기도할 제목이 얼마나 많이 있습니까! 지금 이 나라는 정말 위태롭습니다. 정치하는 분들이 나라를 생각하고 있는지 의심스럽습니다. 계엄과 탄핵으로 서로 정치적 게임을 하는 동안 국민들만 골병들고 있습니다. 저는 이 상황을 보면서 누가 어떤 잘못을 하고 있는지 잘 알고 있습니다. 그러나 이 시간은 하나님의 말씀을 전하는 시간이니 그런 해설은 삼가겠습니다.

중요한 것은 우리가 기도해야 한다는 것입니다. 사도는 우리가 거룩한 손을 들어 기도하기를 원한다고 말합니다. 아니, 그것은 단순한 원함이 아니라 명령입니다. 하나님은 우리가 거룩한 손을 들어 기도하기를 원하십니다. 그러나 우리의 손이 어떻게 거룩합니까? 솔

직히 지난 주간 이 손으로 죄를 짓지 않는 사람이 어디 있습니까? 이 손으로 얼마나 무고한 사람에게 손가락질하였습니까! 우리가 곰곰이 생각하면 정말 죄의 손입니다.

그러나 우리의 손으로 예수님의 몸을 만지면 깨끗해집니다. 거룩해집니다. 그러므로 거룩한 손을 들고 기도하라는 것은 예수의 피를 믿고 기도하라는 것입니다. 예수의 피를 믿고 용산을 향하여, 여의도를 향하여, 그리고 이 서초동 법조타운을 향하여 거룩한 손을 들고 기도하라는 것입니다. 그것은 안수기도와 같은 뜻입니다. 안수기도는 실제적인 것입니다. 우리가 기도한 그대로 응답됨을 믿고 기도의 자리에 나아갑시다!

V. 신앙의 기초 제5단계: 죽은 자의 부활

고린도전서 15:50~58

1. 부활, 그리스도인의 궁극적인 소망

우리는 히브리서가 말하는 기독교의 기초 진리 여섯 가지 중 첫째, 죽은 행실을 회개함, 둘째, 하나님께 대한 믿음, 셋째, 세례들, 넷째, 안수에 대하여 알아보았다. 이제 남은 것은 다섯째, 죽은 자의 부활과 여섯째, 영원한 심판입니다. 그런데 이 여섯 가지 진리 중에서 회개, 믿음, 세례들, 안수는 모두 현재 사는 동안에 문제가 되는 것이지만, 다섯째, 죽은 자의 부활과 여섯째, 영원한 심판은 장차 미래에 일어날 일에 관한 것입니다.

우리는 미래에 어떤 일이 일어날지 궁금해하고, 미래를 예측하기 위한 많은 연구가 진행되고 있습니다. 그러나 세상사람 가운데 누가 그것을 알려줄 수 있습니까? 어떤 예언가가 있어 인기를 끌고 있지만, 그것도 헛된 것입니다.

또 불교는 윤회론을 말하지만, 그것은 조금만 생각해 봐도 인간의 상상이라는 것을 금방 알 수 있습니다. 윤회론은 지금 우리가 어떻게 사느냐에 따라 다음 생에서 어떤 동물로 환생할지 결정된다는 것입니다. 선한 일을 한 사람은 사람으로 환생하고 나쁜 일을 한 사람은 개나 돼지 같은 짐승으로 환생할 것입니다. 그러나 그것은 완전히 허구입니다. 왜냐하면 나쁜 일을 하다가 돼지로 태어났다고 하면, <u>그 돼지가 전생에 자신이 나쁜 일을 많이 했기 때문에 그렇게 되었다는 의식을 가져야 하지만, 실제로 그런 의식이 전혀 없기 때문입니다.</u> 돼지가 자신의 전생을 자책하는 것은 상상할 수도 없습니다.

전도서 3장 11절에서 "하나님이 모든 것을 지으시되 때를 따라 아름답게 하셨고 또 사람들에게는 영원을 사모하는 마음을 주셨느니라. 그러나 하나님이 하시는 일의 시종을 사람으로 측량할 수 없게 하셨도다"라고 했습니다. 미래에 관한 일은 오직 하나님만이 아십니다. 인류의 역사가 어떻게 진행될지를 하나님만 아십니다. 왜냐하면 하나님은 자신의 선하신 뜻대로 모든 만물을 설계하시고 또 그것을 바탕으로 진행하고 계시기 때문입니다.

하나님은 인류의 미래에 대하여 죽은 자의 부활이 있고 그 다음은 영원한 심판이 있다고 말씀하십니다. 따라서 우리는 장차 다가올 미래를 준비해야 합니다.

그런데 인간이 생각하는 미래는 언제나 어두울 수밖에 없습니다. 오늘날 인간이 아무리 과학과 기술을 발전시키며 장밋빛 미래를 꿈꾸고 *있어도*, 우리가 조금만 더 깊이 *생각해 보면*, 그런 것들이 얼마나 허망한지 알 수 있습니다. 예를 들면, 오늘날 우리가 사는 우주가 어떻게 생성되었는지에 대하여 과학자들은 흔히 빅뱅 이론 등을 주장하지만, 어떤 이론에 의하더라도 우주의 종말이 있습니다. 언젠가 우리가 보는 저 태양도 싸늘하게 식어버릴 것이고 태양계가 소멸될 것입니다. 그렇게 되면 인류의 문명도 끝장이 날 것입니다.

그래서 오늘날 과학 문명을 숭배하는 시대를 지배하는 정신은 *바로* 사망의 그림자입니다. 사람이 아무리 똑똑한 척해도 이 사망의 그늘에서 벗어날 수 없습니다. 사람들은 그것을 알기 때문에 결국 쾌락주의에 빠집니다. 어차피 모든 것이 끝장날 것이기 때문에 살아 있는 동안만이라도 즐겁게 살자는 것이지요. 그러다가 죽으면 죽는 것이지요. 죽음을 두려워할 필요가 어디 있습니까? 아니, 사는 것이 힘드니 차라리 죽는 것이 낫습니다.

그래서 오늘날 사람들은 허무주의, 쾌락주의에 빠져 있습니다. 아무 의미도 없는 인생, 즐겁게 살 수 있다면 술이나 마약도 마다하지 않습니다. 그래서 우리 사회는 지금 매우 위태로운 상황에 있습니다. 내세에 대한 신앙은 현세의 질서를 유지하는 근간인데, 그것이 무너지니 사회의 기초가 흔들리는 것입니다.

그러나 성경은 말합니다. '한번 죽는 것은 사람에게 정한 것이지만, 그 후에는 심판이 있다, 그리고 그 심판 앞에 육체의 부활이 일어난다'는 것입니다. 우리의 몸은 최후의 심판대 앞에 서기 전에 부활할 것입니다. 예수 그리스도를 믿고 착한 행실에 힘을 쓴 사람은 상을 받을 것입니다. 그러나 그리스도를 거부하고 악한 일을 일삼은 사람은 영원한 형벌을 받습니다.

그러므로 예수 그리스도를 믿는 사람은 결코 허무주의나 쾌락주의에 빠지지 않습니다. 그는 앞으로 다가올 부활과 최후의 심판에 대하여 준비할 것입니다. 그렇게 사는 사람은 오늘의 삶을 긍정하면서 매우 적극적으로 살 것입니다.

이처럼 우리가 미래를 바로 안다는 것은 매우 중요합니다. 이미 말씀드린 바와 같이 미래에는 죽은 자의 부활과 심판이라는 두 가지 사건이 있는데, 오늘은 그 가운데 죽은 자의 부활에 대하여 알아보겠습니다.

2. 죽음이란

히브리서 6장 2절에서 신앙의 기초 여섯 가지를 말할 때도 단순히 부활이라고 말하지 않고 죽은 자의 부활이라고 말하는 것은 부활은 죽음을 전제로 하기 때문입니다. 따라서 우리는 죽음에 대하여 먼저 알아볼 필요가 있습니다.

이 세상 사람들은 죽고 나면 모든 것이 끝난다고 생각합니다. "죽은 뒤에는 아무것도 없다, 우리를 기억해줄 사람도 없고, 영원한 침묵만 있을 뿐이다. 그러니 사는 동안이라도 즐겁게 살자"라고 말합니다. 그러나 성경은 그렇게 말하지 않습니다. 죽음은 모든 것의 끝장이 아니라, 새로운 세상의 시작입니다. 여러분들이 죽음을 말할 때 먼저 이것을 확실히 알아두어야 합니다.

우리가 죽음을 이해하기 위해서는 사람을 구성하는 요소에 대하여 알아볼 필요가 있습니다. 오늘날 사람들은 사람을 구성하는 요소는 물질이고, 사람의 영혼 또는 정신은 물질의 작용에 불과하다고 주장합니다. 그러나 우리는 물질과 구분되는 영혼의 존재를 믿습니다. 하지만 영혼이 어떤 것인지는 너무도 신비한 것이기 때문에 아직도 규명되지 못한 것이 많습니다. 그러므로 우리는 이 문제를 다룰 때 겸손해야 합니다. 사람을 구성하는 요소에는 영, 혼, 육 세 가지가 있다는 삼분설과 육신과 영혼이 있다는 이분설이 나누어져 있습니다. 이것을 자세히 설명하자면, 너무도 복잡하여 오히려 도움이 되지 않습니다. 그런 것이 있다는 것만 알면 됩니다.

어쨌든 우리는 사람에게는 신체와 구분되는 영혼이 있습니다. 그런 점에서 육체만 가지고 있는 동물들과 대비됩니다. 동물들은 영혼이 없습니다. 영혼은 물질이 아니기 때문에 물질세계에 한정되지 않고, 무게나 크기가 없습니다.

사람이 죽는다는 것은 영혼과 물질이 분리된다는 것을 말합니다. 간혹 병원의 응급실이나 기도 중에 영혼이 육체를 이탈한 경험을 말하는 사람이 있지만, 그것은 일시적 이탈일 뿐이며, 죽음은 영혼과 육체의 영원한 *분리*입니다.

사람이 죽은 후 다시 말해서 영혼이 육체와 *분리된* 이후에는 육체가 부패하여 자연으로 돌아갑니다. 창세기 3장에서 하나님께서 아담에게 너는 흙이니 흙으로 돌아갈 것이라고 말했을 때 그것은 사람의 육체를 말합니다.

그러나 사람의 영혼은 히브리 말로는 '스올', 헬라어로는 '하데스'라는 곳에 갑니다. 스올은 죽은 사람의 영혼이 머무는 곳을 말합니다. 구원받은 사람의 영혼도 스올로 가고 구원받지 못한 사람의 영혼도 스올로 갑니다. 스올에는 구원받은 사람이 가는 곳과 구원받지 못한 사람이 가는 곳의 구별이 있습니다. 그 간격은 너무도 커서 서로 건너갈 수도 없습니다.

여기에 대하여 예수님께서 누가복음 16장에서 부자와 나사로의 사건을 말씀하실 때 자세히 설명하셨습니다. 어떤 부자가 있었고, 그는 화려한 옷을 입고 날마다 호화롭게 살았습니다. 그의 집 앞에는 거지 나사로가 있었고, 그는 헐벗고 살면서 부자의 상에서 떨어지는 부스러기를 먹고 살았습니다. 그러다가 부자도 죽고 거지 나사로도 죽었습니다. 부자는 음부로 끌려가서 영원한 고통을 당했다고 하였는데, 여기서 음부는 스올 또는 하데스입니다. 그러나 거지 나사로는 아브라함의 품에서 영원한 복락을 누립니다.

부자는 고통을 받으면서 나사로가 아브라함의 품에 있는 것을 발견하고 아브라함에게 나사로를 보내어 그 손가락 끝에 물을 찍어 혀를 서늘하게 해달라고 간청합니다. 얼마나 고통이 심했으면 그런 요구를 했겠습니까! 그러나 안타깝게도 그의 요구는 거절됩니다. 아브라함은 너희와 우리 사이에 큰 구렁텅이가 놓여 있어 이곳에서 그곳으로 건너갈 수도 없고 거기서 건너올 수도 없다고 말합니다. 따라서 이 사건에서 선인이 가는 스올과 악인이 가는 스올은 서로 구분되어 있고 서로 건너갈 수 없음을 알 수 있습니다.

지금까지 설명한 것은 육체의 죽음을 말하고, 이와는 다른 영혼의 죽음이 있습니다. 육체의 죽음은 육체와 영혼의 분리를 말하지만, 영혼의 죽음은 우리가 하나님과의 교제가 끊어지는 것, 하나님과 분리되는 것을 말합니다.

창세기 2장에서 하나님은 아담에게 에덴동산의 모든 실과는 먹을 수 있지만, 선악을 알게 하는 나무의 열매는 먹지 말라, 먹는 날에는 정녕 죽으리라고 말씀하셨을 때의 죽음은 바로 영혼의 죽음을 말합니다. 아담이 처음 창조되었을 때 하나님과 동행하면서 살았습니다. 그러나 아담은 하나님의 명령을 어기고 선악과를 먹었고, 그 결과 하나님과의 관계가 단절되었습니다. 그는 선악과를 먹은 직후 영혼이 육체와 분리되는 육신의 죽음을 겪지 않았지만, 하나님과 관계가 단절되는 영혼의 죽음을 맛보게 됩니다.

그렇게 하나님과 분리된 이후 그와 그의 후손의 삶은 점점 나빠지고 나중에는 지옥이나 다름없을 정도로 악화됩니다. 이것을 가지고 성경은 죄와 사망이 지배한다고 말합니다. 정말이지 이 세상은 죄와 사망이 지배하고 있습니다.

죄는 하나님을 반역하는 것이고, 그 반역의 결과로 사망이 이 세상을 지배하고 있습니다. 우리는 지금 그 죄와 사망이 지배하는 세상에 살고 있습니다. 우리가 사는 지금 이 세상에 하나님을 반역하지 않는 곳이 어디 있습니까? 지금 우리가 사는 이 세상은 우리가 하나님께 예배드리는 것조차도 좋아하지 않습니다. 그것은 우리가 코로나19 사태에서 경험하지 않았습니까? 극장이나 공연장, 심지어 백화점에는 가도 되는데, 예배당에는 가면 안 된다고 말합니다. 공립학교에서 예배를 드리지 말라고 말하더니 기독교가 세운 사립학교에서도 이제는 예배를 드리려면 반대하는 사람들의 눈치를 봐야 합니다. 이런 식으로 우리는 삶의 영역에서 하나님을 배척하고 있습니다.

그러나 그 대가는 우리가 당하는 것입니다. 하나님을 우리 삶의 영역에서 배척한다고 하여 하나님이 손해볼 일이 어디 있습니까? 손해는 우리가 보는 것입니다. 우리는 하나님과 멀어졌고 그 결과로 사망이 지배하고 있습니다.

　미국의 로스앤젤레스 하면 미국에서도 가장 살기 좋은 도시로 손꼽혔습니다. 그러나 그 도시가 하나님을 배척하더니 이제는 동성애자, 술과 마약의 천국이 되었고, 그 결과 거리에는 마약에 취한 노숙자로 넘치고 있습니다. 미국에서 가장 범죄가 들끓는 도시가 되어 사람이 살 수 없게 되었습니다.

　예수 그리스도는 죄와 사망이 지배하는 세상에서 우리를 구원하기 위하여 이 땅에 오셨습니다. 그는 우리의 죄를 짊어지고 십자가를 지셨습니다. _그러므로_ 이제 그를 믿는 사람은 다시는 사망의 지배를 받지 않습니다. 그의 영혼은 하나님과 멀어졌다가 다시 가까워졌습니다. 죽었던 영혼이 다시 살아난 것입니다. 그는 이 세상에 살 동안 하나님의 돌보심을 받습니다. 그리고 마지막 날에는 그의 육체가 부활하여 영원히 주님과 함께 살 것입니다.

　이것을 가지고 예수 믿는 사람은 한 번 죽고 두 번 산다고 말합니다. 한 번 죽는 것은 육체의 죽음입니다. 두 번 사는 것은 첫째는 예수를 믿어 죽은 그의 영혼이 살아나는 것을 말하고 둘째는 마지막 날 육체의 부활을 말합니다.

　반면에 불신자는 한 번 살고 두 번 죽습니다. 그는 이 세상에서 한 번 삽니다. 그러나 이 세상에 살 동안 그의 영혼은 이미 죽은 것이고, 두 번째는 마지막 날에 그의 육체가 부활하여 영원한 지옥의 형벌을 받을 것입니다.

그런 점에서 불신자도 부활합니다. 그러나 신자의 부활과는 차원이 다릅니다. 신자의 육체는 그리스도와 영원한 복락을 누리기 위하여 부활하지만, 불신자의 육체는 영원한 지옥의 형벌을 받기 위하여 부활합니다.

그러므로 우리가 부활을 말할 때 그것은 육체의 부활에 중점이 있음을 알 수 있습니다. 육체의 부활이라는 개념은 헬라 철학에서는 찾아볼 수 없습니다. 헬라 철학은 인간의 영혼은 고결한 것이지만, 육체는 저급한 것이라고 봅니다. 그런 점에서 사람이 산다는 것은 영혼이 육체라는 감옥에 갇혀 있는 것이고, 죽음이란 고결한 영혼이 육체의 감옥에서 벗어나는 것을 뜻합니다. 이제 영혼이 육체로부터 해방되었는데, 육체가 부활한다면 어떻게 되겠습니까? 그것은 생각만 하더라도 끔찍한 일이기 때문에 육체의 부활을 인정하지 않습니다.

그러나 성경은 육체의 부활에 대하여 말합니다. 우리 각자는 마지막 날, 그리스도께서 다시 오실 때 *죽은 자들의 육체*가 부활할 것입니다. 그때까지 죽지 않는 사람은 일순간에 육체가 새로운 몸으로 변화될 것입니다.

3. 죽은 자의 부활에 대하여

그렇다면 우리가 어떻게 죽은 사람이 부활한다는 것을 알 수 있습니까? 여기에 대하여는 고린도전서 15장에서 상세히 말하고 있는데, 중요한 구절을 중심으로 말씀드립니다.

고린도전서 15장 12~14절 "그리스도께서 죽은 자 가운데서 다시 살아나셨다 전파되었거늘 너희 중에서 어떤 사람들은 어찌하여 죽은 자 가운데서 부활이 없다 하느냐? 만일 죽은 자의 부활이 없으면 그리스도도 다시 살아나지 못하셨으리라. 그리스도께서 만일 다시 살아나지 못하셨으면 우리가 전파하는 것도 헛것이요 또 너희 믿음도 헛것이며."

사람들은 "죽은 사람이 어떻게 다시 살아나느냐? 그 증거를 보여달라, 그것을 보여준다면 믿겠다"라고 말합니다. 사도는 여기에 대하여 그리스도가 그 증거라고 말합니다. 그리스도는 죽음에서 다시 살아나셨습니다. 그리스도가 부활하였다는 것은 부활이 있다는 확실한 증거입니다. 그것보다 확실한 증거는 없습니다.

사도는 고린도전서 15장 3~6절에서 이렇게 말합니다.

"내가 받은 것을 먼저 너희에게 전하였노니 이는 성경대로 그리스도께서 우리 죄를 위하여 죽으시고 장사 지낸 바 되셨다가 성경대로 사흘

만에 다시 살아나사 게바에게 보이시고 후에 열두 제자에게와 그 후에 오백여 형제에게 일시에 보이셨나니 그 중에 지금까지 대다수는 살아 있고 어떤 사람은 잠들었으며."

부활하신 예수님께서 제자들에게 나타나신 것은 사복음서에 상세히 기록되어 있습니다. 사람들은 그들이 예수의 무엇을 본 것은 인정합니다. 그렇지 않다면, 제자들이 자기의 목숨을 내놓으면서까지 증언할 리가 없습니다. 그러나 사람들은 제자들이 본 것은 헛것이라고 말합니다. 예수를 너무도 사모한 나머지 집단 환영을 본 것이라는 것이지요. 그러나 아무리 집단 환영이라고 하더라도 오백 명이 동시에 환영을 봤다는 것은 말이 안 됩니다.

또한 그들이 복음을 전하면서 예수의 이름으로 귀신을 쫓아내고 병을 고치는 기적을 일으킨 것이 그 증거입니다. 예수가 부활하지 않았다면 그는 거짓말쟁이에 불과한데 어떻게 그의 이름으로 그런 기적이 일어날 수 있겠습니까?

고린도전서 15장 7~8절 "그 후에 야고보에게 보이셨으며 그 후에 모든 사도에게와 맨 나중에 만삭되지 못하여 난 자 같은 내게도 보이셨느니라."

여기서 야고보는 예수님의 동생 야고보를 말합니다. 그는 예수님의 동생이었지만, 예수님이 메시아인 것을 믿지 않았습니다. 그러나 예수님의 부활을 직접 목격하고 믿었습니다. 나중에 예루살렘 교회의 수장이 되어 기꺼이 순교합니다. 그런 점에서 바울도 마찬가지입니다. 그는 부활을 전하는 예수의 제자들이 미친 짓을 한다고 생각하고 박해하였습니다. 그러나 다메섹으로 가다가 부활하신 예수님을 자기 눈으로 직접 보고 부활의 증인으로 돌변하였습니다.

오늘날 우리는 예수의 부활을 우리 눈으로 직접 볼 수는 없습니다. 만일 그렇게만 할 수 있다면 얼마나 좋겠습니까! 그러나 예수님은 의심하는 도마에게 "너는 나를 _보고서야_ 믿느냐? 보지 않고 믿는 사람이 복되다"라고 말씀하셨습니다. 우리는 부활하신 예수님을 우리 눈으로 직접 보지는 못하였지만, 그 대신 그것보다 더욱 강력한 증거를 가지고 있습니다. 그것은 예수의 부활을 목격한 사람들이 자신들의 목숨을 걸고 부활을 증언하였다는 것입니다.

영어의 'martyr'는 순교자라는 뜻입니다. 그 말은 헬라어 '마르투스'에서 나왔는데, 법정에서 사실을 증언하는 증인을 뜻합니다. 예수의 제자들은 예수의 부활을 증언하다가 순교하였습니다. 예수의 열두 제자 중 마지막까지 살아남은 사람은 요한뿐이며 나머지는 모두 순교하였습니다. 그뿐만 아니라 바울도, 예수님의 동생 야고보도 순교하였습니다. 여러분이 초대 교회사를 읽는다면, 교회의 역사는 순교의 역사임을 잘 알 수 있습니다.

시간이 되면 유세비우스가 저술한 교회사를 읽어보시기 바랍니다. 그들은 로마의 극심한 박해 속에서도 그리스도의 부활을 전했습니다. 어떤 사람은 원형 경기장으로 끌려가 맹수의 밥이 되었고, 어떤 사람은 화형에 처해졌습니다. 어떤 사람은 일가족 전부가 몰살당하였습니다. 그들은 예수가 메시아라는 사실을 부인만 하면 석방해준다고 했지만 그것을 거절하고 순교의 길을 택하였습니다. 이런 사람들의 이야기는 너무도 많아서 일일이 열거할 수도 없습니다.

그중에서 폴리갑의 순교 이야기가 유명합니다. 폴리갑은 사도 요한으로부터 훈련을 받았고, 나중에 서머나 교회의 주교가 되었습니다. 그는 주교로서 불굴의 신앙으로 성도들을 독려했습니다. 그 때문에 86세의 고령에 로마 당국에 체포되어 재판받게 됩니다. 재판관은 그에게 "로마 황제 시저를 주님으로 인정하라" 하면서 신앙을 부인할 것을 강요했습니다. 이에 대해 그는 이렇게 답합니다. "나는 86년 동안 그분을 섬겼습니다. 그분은 나를 한 번도 배신하신 적이 없습니다. 그런데 내가 어떻게 나의 왕이신 구세주를 부인할 수 있겠습니까?" 그는 결국 화형을 선고받았고, 군중 앞에서 형이 집행되었습니다. 그런데 그를 불태우기 위한 나무는 타들어 가는데도 그의 몸에는 불이 붙지 않고 살아 있었습니다. 이에 화가 난 로마 병정은 검을 뽑아 그를 찔러서 죽였습니다.

초대 교회에서 감독이란 한 도시의 교회 지도자를 말합니다. 요즘 말로 하면 한 교단의 총회장이나 노회장쯤 되는 지위입니다. 감독이 된다는 것은 명예로운 일이기도 하지만, 순교자가 된다는 것을 뜻하기도 합니다. 대부분의 감독들이 믿음을 지키기 위하여 순교하였습니다. 그것을 보면, 오늘날의 교회 지도자와 다릅니다. 오늘날 교단장이나 대형 교회의 목사님들이 믿음이 아니라 명예나 재산을 탐한다는 소리를 들을 때 참으로 부끄럽습니다. 그렇다고 해서 제가 그런 분들보다 낫다는 것도 아닙니다.

저는 그런 자리에 있지 않아서 욕을 덜 먹는 것뿐입니다. 따라서 우리는 그런 분들을 비난하기에 앞서 자신을 스스로 점검해보아야 합니다.

초대 교회의 성도들이 그렇게 불굴의 믿음을 가지고 있었던 것은 그들이 단지 예수의 부활을 목격하였기 때문만은 아닙니다. 예를 들면 지동설을 주장한 갈릴레이는 그것 때문에 재판을 받을 때 지동설을 부인하였습니다. 그러다가 법정에서 나올 때 "그래도 지구는 돈다"라는 말을 한 것으로 유명하지요. 그는 지동설을 신봉하였지만, 거기에 목숨을 걸지는 않았습니다. 왜냐하면 지동설이 중요하기는 하지만, 거기에 목숨을 걸 가치는 없기 때문입니다.

그러나 부활을 증언한 예수의 제자들은 거기에 목숨을 걸었습니다. 왜냐하면 예수의 부활에는 목숨을 걸 가치가 있음을 알았기 때문입니다. 예수가 부활하였다면, 그들도 부활할 것입니다. 우리가 세상에 사는 것은 유한합니다. 아무리 오래 산다고 해도 영원에 비하면 너무도 짧은 세월입니다.

그러나 부활의 몸은 영원합니다. 우리의 몸은 부활하여 영원히 하나님과 동행하면서 살아가게 될 것입니다. 예수의 부활이 그 증거입니다. 그래서 그들은 이 세상의 구차한 것을 버리고 영원한 생명을 선택하였습니다.

고린도전서 15장 20절에서는 예수를 부활의 첫 열매라고 부릅니다.

> "그러나 이제 그리스도께서 죽은 자 가운데서 다시 살아나사 잠자는 자들의 첫 열매가 되셨도다."

수확할 때 첫 열매가 좋으면 나중의 열매도 좋은 법입니다. 그와 같이 예수가 부활하였다면, 예수님을 믿는 우리도 예수님처럼 부활하는 것입니다.

고린도전서 15장 19절 "만일 그리스도 안에서 우리가 바라는 것이 다만 이 세상의 삶뿐이면 모든 사람 가운데 우리가 더욱 불쌍한 자이리라."

그렇습니다. 만일 부활이 없고, 우리가 바라는 것이 이 세상의 것뿐이라면 사도야말로 불쌍한 자입니다. 사도 바울은 부활에 자신의 전부를 걸고 헐벗고 굶주렸지 않습니까? 심지어 32절에서는 에베소에서 맹수와 더불어 싸웠다고 말합니다. 이것은 원형 경기장에 끌려가서 맹수의 밥이 될 뻔하였던 사건을 말합니다. 만일 부활이 없다면, 내일 죽을 것이니 먹고 마시자고 주장하는 사람들이 옳을 것입니다. 그러나 부활은 반드시 있습니다. 예수의 부활이 그 증거입니다. 우리는 부활을 믿기 때문에 오늘의 어려움을 참아낼 수 있는 것입니다.

고린도전서 15장 50~54절에 이렇게 말씀합니다.

"형제들아 내가 이것을 말하노니 혈과 육은 하나님 나라를 이어 받을 수 없고 또한 썩는 것은 썩지 아니하는 것을 유업으로 받지 못하느니라. 보라, 내가 너희에게 비밀을 말하노니 우리가 다 잠 잘 것이 아니요 마지막 나팔에 순식간에 홀연히 다 변화되리니 나팔 소리가 나매 죽은 자들이 썩지 아니할 것으로 다시 살아나고 우리도 변화되리라. 이 썩을 것이 반드시 썩지 아니할 것을 입겠고 이 죽을 것이 죽지 아니함을 입으리로다. 이 썩을 것이 썩지 아니함을 입고 이 죽을 것이 죽지 아니함을 입을 때에는 사망을 삼키고 이기리라고 기록된 말씀이 이루어지리라."

우리는 마지막 날에 부활할 것입니다. 부활의 몸은 참으로 신비합니다. 지금 우리의 몸은 너무도 연약하여 부서지기 쉽습니다. 조금만 병원균에 감염되어도 몸에 열이 나고 아파서 견딜 수 없습니다. 그러나 부활의 몸은 아프지 않습니다. 우리가 상상을 초월할 정도로 강인한 몸을 가지게 될 것입니다.

저는 가끔 이런 상상을 해봅니다. 우리가 사는 우주는 매우 광대합니다. 태양계만 하더라도 우리가 사는 동안 다 돌아볼 수 없습니다. 그런 태양계가 수천억, 아니 수를 헤아릴 수 없을 만큼 많이 있다고 합니다. 우리가 그런 우주를 돌아다니면서 여행하려면 지금의 약한 몸으로는 어림도 없습니다. 그래서 하나님은 우리에게 매우 강인한 몸을 주실 것입니다. 이것을 가지고 사도는 사망이 생명에 삼켜지게 된다고 말합니다.

고린도전서 15장 55~57절 "사망아, 너의 승리가 어디 있느냐? 사망아, 네가 쏘는 것이 어디 있느냐? 사망이 쏘는 것은 죄요 죄의 권능은 율법이라. 우리 주 예수 그리스도로 말미암아 우리에게 승리를 주시는 하나님께 감사하노니."

이 구절은 사망에 대한 완전한 승리의 선언입니다. 이 세상에 사망이 온 것은 죄 때문입니다. 그러나 예수님은 십자가로 우리의 죄를 도말하셨습니다. 그러기 때문에 더 이상 사망이 우리를 지배하지 못합니다. 우리는 사망에서 해방되었습니다. 예수님처럼 영화로운 몸을 입게 되어 영원히 살 것입니다.

4. 이제 어떻게 살 것인가?

그렇다면, 이제 우리는 어떻게 살아야 합니까? 죽으면 모든 것이 끝장이라는 사람들처럼 이 세상을 흥청망청 살 것입니까? 아닙니다. 우리는 다가오는 미래를 준비해야 합니다. 죽음 이후의 삶을 준비해야 합니다.

그래서 사도는 고린도전서 15장 55절에서 결론적으로 말합니다.

> "그러므로 내 사랑하는 형제들아, 견실하며 흔들리지 말고 항상 주의 일에 더욱 힘쓰는 자들이 되라. 이는 너희 수고가 주 안에서 헛되지 않은 줄 앎이라."

우리는 흔들리지 말아야 합니다. 부활을 굳게 붙잡아야 합니다. 이 세상 사람들이 무엇이라고 말하든, 우리를 어떻게 조롱하든 흔들리지 말아야 합니다. 그들은 어차피 내일 죽을 것이니 오늘 흥청망청 즐겁게 살자고 말합니다. 그러나 우리는 장차 다가올 영원한 미래를 준비해야 합니다. 무엇보다도 우리는 부활의 증인이 되어야 합니다.

오늘 우리 대한민국은 흔들리고 있습니다. 2025년이 되었지만, 사람들의 얼굴에는 활기가 없고 근심으로 가득 차 있습니다. 계엄과 탄핵정국이 언제 끝날지 마음 졸이면서 보고만 있습니다. 그렇게 잘

나가던 대한민국이 왜 이 지경이 되었습니까? 사람들이 부활을 믿지 않기 때문입니다. 오늘날 대한민국의 정치인들이 부활이 있고, 영원한 심판이 있음을 안다면, 그렇게 행동할 수는 없었을 것입니다. 그들이 하나님의 심판을 두려워했다면, 정권 잡는 것만을 최고의 목표로 삼지는 않았을 것입니다. 그런 점에서 오늘 대한민국의 실패는 곧 신앙의 실패입니다.

이사야 60장 1절에서 하나님은 일어나라, 빛을 비추라고 말씀하십니다. 하나님은 지금 한국 교회가 일어나서 빛을 비추기를 원하십니다. 그것이 2025년 하나님이 한국 교회에 주시는 메시지라고 저는 믿습니다. 그렇다면 빛을 비추는 것은 무엇을 말합니까? 이사야 58장 1절에서 크게 외치라, 목소리를 아끼지 말라고 말씀하십니다. 그것이 바로 빛을 비추는 것입니다. 우리는 할 수만 있으면 기회 있는 대로 예수의 부활을 외쳐야 합니다. 한국 사람 모두 예수의 부활을 믿도록 해야 합니다. 그렇게 될 때 이 나라는 정말 공의롭고 정의로운 나라가 될 것입니다. 왜냐하면, 부활을 믿는 사람들은 오늘의 현재 삶을 부활에 초점을 맞추면서 살 것이기 때문입니다. 이 세상의 것에 흔들리지 말고, 불의에 타협하지 않고 올바르게 살아갈 것입니다.

기독교 신앙의 **6** 기초

VI. 신앙의 기초 제6단계: 영원한 심판

요한계시록 20:7~15

1. 심판이 없다고 하는 사람들

우리는 히브리서가 말하는 기독교의 기초 진리 여섯 가지 중 마지막 영원한 심판에 관한 진리를 알아볼 차례입니다. 이 여섯 가지 진리 중에서 첫째부터 넷째까지 회개, 신앙, 세례, 안수는 우리가 현재 사는 동안에 문제가 되는 것이고, 다섯째, 죽은 자의 부활과 여섯째, 영원한 심판은 미래에 일어날 일입니다. 이미 말씀드린 바와 같이 죽은 자의 부활에 대하여는 육체의 부활에 초점이 맞추어져 있습니다. 우리는 이 세상 끝 날에 신자든 불신자든 모두 부활합니다. 그러나 불신자의 부활은 신자와 질적으로 다릅니다. 그들은 처벌을 받기 위한 것이고, 우리는 하나님과 영원히 함께 살기 위한 것입니다.

이제 이렇게 부활한 사람은 하나님의 심판대 앞에 서게 됩니다. 이것을 영원한 심판이라고 말하는데, 그 이유는 그것이 최종적이기 때문입니다. 여기서 최종적이라는 말은 그 후에는 역사가 진행되지 않는다는 뜻이 아니라, 그것으로 현세에 대한 심판은 종결되고, 다시는 번복되지 않는다는 뜻입니다. 우리는 이 심판에서 천국과 지옥 둘 중 하나로 결정됩니다. 그 이후로는 변동이 없습니다. 또한 그 중간은 없습니다.

그런데 로마 카톨릭 교회는 연옥설을 주장합니다. 쉽게 말하면 이 세상에서 예수님을 믿지 않더라도 착한 일을 많이 한 사람이 있는데, 그런 사람을 바로 지옥에 보낸다면 너무 억울하지요. 그래서 그런 사람은 연옥에서 그의 영혼이 정화되는 기간을 걸쳐서 최종적으로 천국에 들어간다는 주장입니다. 이런 주장은 사람이 보기에는 그럴듯한 점이 있습니다. 그러나 성경은 그렇게 말하고 있지 않습니다. 성경 어디에도 연옥이 있다거나 그것을 암시하는 구절이 보이지 않습니다. 그것은 전적으로 인간의 상상이 만든 창작물일 뿐입니다. 성경은 천국과 지옥 둘 중 하나를 말할 뿐입니다. 단호히 말씀드리는데, 중간 지대는 없습니다.

그런데 세상 사람들은 이런 교리를 싫어합니다. 기독교를 혐오하는 사람들에게 그 이유를 물어보면 아마도 영원한 심판에 관한 교리를 들 것입니다. 그들은 과학과 기술이 발달한 오늘날에도 그런 미개하고 원시적인 교리를 믿고 있느냐고 말하면서 영원한 심판에 관한 교리를 조롱합니다.

그러나 과학에 의하더라도 그것이 없다는 것이 증명된 적이 한 번도 없습니다. 사실 그들은 아무런 과학적 증거도 없이 이 교리를 부정하면서 비방합니다. 그런 점에서 그들의 태도는 매우 비과학적입니다.

그런데 그들이 이 교리를 부정하는 진짜 이유는 이 교리가 그들의 마음을 불편하게 만들기 때문입니다. 최후의 심판이 있다면, 그들은 이 세상을 자기 마음대로 살 수 없습니다. 그래서 이 교리를 한사코 부정합니다.

그러나 사람들이 이 진리를 믿지 않는다면, 어떻게 도덕과 윤리를 바로 세울 수 있겠습니까? 오늘날 철학자, 윤리학자의 딜레마는 그들이 하나님이나 최후의 심판 따위를 인정하지 않고 도덕과 윤리를 세우려고 하는 것입니다. 그러나 그것이 어떻게 가능하겠습니까? 전능하신 하나님이 우리 각자에 대하여 지켜보고 계시고, 반드시 심판한다는 믿음이 없으면 어떻게 도덕과 윤리를 세울 수 있겠습니까? 그러므로 그들은 지금 헛수고를 하고 있는 것입니다. 그들이야말로 신화와 같은 꿈 위에 세상의 질서를 만들고자 하는 망상가들입니다. 그래서 무신론자 중에서도 이 세상의 질서 유지를 위해서는 이 교리가 필요하다고 인정하는 사람들도 있습니다. 그것이 진실이든 거짓이든 세상의 질서를 유지하는 데에는 유익하다는 것이지요.

영원한 심판에 관한 교리는 사람이 만들어낸 공상이나 신화가 아닙니다. 그것은 미래 어느 시점에서 반드시 이루어질 일입니다. 그리고 우리가 이 교리를 굳게 붙잡는 것이야말로 우리의 현재 삶의 질을 결정합니다. 최후의 심판을 믿는 사람은 현재의 삶을 흥청망청하면서 살지 않습니다. 자신의 행위가 언젠가 하나님 앞에서 심판받을 날이 있기 때문에 오늘을 신중하게 살아갑니다. 인생을 낭비하지 않고 하나님의 뜻에 따라 살아갈 것입니다.

그런 점에서 우리는 이 교리를 다시 강조하고 굳건하게 붙잡을 필요가 있습니다. 오늘날 한국 사회에서 도덕과 윤리가 땅에 떨어진 것도 사람들이 최후의 심판에 관한 이 교리를 부정하고 있기 때문입니다. 그런 점에서 이 교리를 공부하는 것이 더욱 의미가 있습니다. 그래서 우리로서는 이 교리에 대하여 더욱 깊게 공부하고 확신할 필요가 있습니다.

2. 영원한 심판

요한계시록은 장차 다시 오실 예수님을 예언한 책으로 매우 중요합니다. 교회사적으로 볼 때 한때 계시록은 난해한 책으로 분류되어 관심이 없을 때가 있었습니다. 그러나 말세가 다가올수록 계시록이 중요해졌습니다. 오늘날 너도나도 심지어 안 믿는 사람도 말세라고 말합니다. 그래서 요즘은 계시록에 대한 관심이 많고 평신도가 읽기에 좋은 책도 많이 나와 있습니다. 그러나 계시록의 상당 부분은 여전히 미스테리로 남아 있습니다. 그래서 우리가 계시록을 공부할 때는 늘 겸손한 마음으로 해야 합니다. 그렇지 않고 좀 안다고 해서 우쭐해져 다른 사람을 비판하게 되면, 교회 안에서 분열을 일으키게 되어 계시록이 말하고자 하는 본질을 놓치게 됩니다.

계시록에서는 영원한 심판에 대하여 이렇게 말합니다.

요한계시록 20장 7~8절 "천 년이 차매 사탄이 그 옥에서 놓여 나와서 땅의 사방 백성 곧 곡과 마곡을 미혹하고 모아 싸움을 붙이리니 그 수가 바다의 모래 같으리라."

7절에서 천 년이 차매 마귀가 옥에서 풀려나온다고 했습니다. 그렇다면 마귀는 천 년 동안 감옥에 갇혀 있었다는 뜻이 됩니다. 여기서 천 년이 무엇을 뜻하느냐에 대하여 신학적으로 많은 논란이 있습니다. 그러나 그것을 주일 설교 시간에 설명하기에는 시간이 부족하고 설명한다고 하더라도 전문가가 아닌 여러분으로서는 이해하기 어렵습니다. 그저 그런 것이 있다는 정도만 아시면 되고 너무 깊이 파고들지 마시기 바랍니다.

어쨌든 말세는 마귀가 옥에서 풀려나와 사람들을 유혹하는 때입니다. 이제 마귀는 자기의 때가 얼마 남지 않은 것을 알고서 하나님의 교회에 마지막 저항을 할 것입니다. 사람들을 모아서 교회를 대적하게 할 것입니다. 그런 점에서 오늘 우리는 말세를 맞이하고 있다고 보면 됩니다. 이 세상은 교회를 싫어합니다. 교회가 하나님의 복음을 전하면 전할수록 싫어합니다. 심지어 국가 권력을 동원하여 우리로 하여금 예배를 못 드리게 할 것입니다. 저는 기독교를 미워하는 공산주의 국가나 독재 국가를 말하는 것이 아닙니다. 그런 나라는 말할 것도 없지만, 이 자유민주주의 대한민국에서도 그렇습니다. 우리는 지난 코로나19 사태 때 이미 그런 것을 경험하였습니다. 다른 시설은 내버려두고 교회만 비대면으로 예배를 드리라는 것은 말도 안 됩니다.

그러나 그것은 전초전에 불과하고 앞으로 더 심각한 박해가 올 것입니다. 지금의 독재 국가는 더욱 어렵게 될 것이고, 심지어 자유민주국가도 자유가 위협받는 때가 올 것입니다. 아마도 전 세계적으로 기독교를 대적하는 적그리스도가 일어나서 사람들을 미혹하여 자기편으로 만들려고 할 것입니다. 그리고 하나님의 교회를 말살하기 위하여 온갖 방법을 동원할 것입니다.

요한계시록 20장 9절에 "그들이 지면에 널리 퍼져 성도들의 진과 사랑하시는 성을 두르매 하늘에서 불이 내려와 그들을 태워버리고"

라고 말씀합니다.

　마귀는 이 세상의 권력과 경제, 과학 기술, 예술, 술과 마약 등 모든 것을 총동원하여 교회를 공격할 것입니다. 그의 목적은 사람들이 생명의 복음을 듣지 못하도록 하는 것입니다. 이와 관련하여 오늘날 마귀의 가장 교활한 수법은 자신이 존재하지 않는다고 속이는 것입니다. 이것은 정말 우리로서는 상상도 못 할 마귀의 새로운 전술입니다. 마귀는 오늘날 과학 기술이 발달한 것을 악용하여 사람들의 마음속에 무신론의 씨를 퍼뜨렸습니다. 천사나 귀신과 같은 영적 존재를 믿는 것은 아직도 개화되지 못한 중세 시대 사람들이나 하는 짓이라고 속삭였습니다. 그렇게 되면 사람들이 마귀의 존재를 믿지 않겠지만, 그와 함께 하나님도 믿지 않을 것입니다. 마귀의 이 전략은 상당한 성공을 거두었습니다. 그 때문에 우리는 인류 역사상 최초로 무신론자가 지배하는 세상에 살고 있습니다.

　그들의 공격 목표는 언제나 교회입니다. 교회를 파괴할 수만 있다면, 심지어 하늘에서 불이 내리게 할 것입니다. 그래야 사람들이 복음을 듣지 못하게 될 것입니다. 그래서 말세는 교회와 사탄의 영적 전쟁이 격화됩니다. 마귀는 우리가 아는 것보다 힘이 강합니다. 이 세상에서 누가 이 사탄의 세력을 이길 수 있습니까? 그는 이 세상 왕으로 군림하고 있습니다.

　그러나 9절을 보면 하늘에서 불이 내려와 그들을 태워버린다고 했습니다. 이것은 열왕기하 1장에서 이스라엘 왕이 선지자 엘리야를 체포하려고 군대를 보내었을 때 하늘에서 불이 내려와 그들을 삼킨 것을 연상하게 합니다. 이것이 말하고자 하는 바는 교회는 사탄의 공격을 받겠지만, 하나님의 보호 아래 있기 때문에 마귀의 공격으로부터 안전하고 마침내 승리한다는 것입니다.

목사들 중에서 간혹 말세를 말하면서 사탄의 공격을 너무 강조한 나머지 사람들에게 공포심을 심어주고 패배 의식에 젖게 만드는데, 그것은 안 될 일입니다. 우리는 비록 마귀로부터 공격을 당하여 어려움을 겪겠지만, 두려워하거나 물러서지 말아야 합니다. 최후의 승리는 우리의 것입니다. 교회는, 성도는 말세가 다가올수록 더욱 담대히 복음을 선포해야 합니다.

> **요한계시록 20장 10절** "또 그들을 미혹하는 마귀가 불과 유황 못에 던져지니 거기는 그 짐승과 거짓 선지자도 있어 세세토록 밤낮 괴로움을 받으리라."

사람에 대한 영원한 심판에서 먼저 마귀와 그를 따르던 귀신들이 심판을 받습니다. 그들은 불과 유황 못에 던져진다고 했는데, 여기서 불과 유황은 우리가 보는 물질적인 것이 아닙니다. 매우 심한 고통을 뜻하는 것입니다. 영원한 심판에서 먼저 마귀와 그를 따르는 귀신들이 지옥 형벌을 받을 것입니다.

요한계시록 20장 11~12절에 "또 내가 크고 흰 보좌와 그 위에 앉으신 이를 보니 땅과 하늘이 그 앞에서 피하여 간 데 없더라. 또 내가 보니 죽은 자들이 큰 자나 작은 자나 그 보좌 앞에 서 있는데 책들이 펴 있고 또 다른 책이 펴졌으니 곧 생명책이라. 죽은 자들이 자기 행위를 따라 책들에 기록된 대로 심판을 받으니"라고 기록되어 있습니다.

마지막 심판에서 마귀와 그를 따르는 귀신들이 먼저 심판을 받은 후, 사람들이 심판을 받을 것입니다. 이때 육체가 죽은 사람들은 다시 부활할 것이고, 그때까지 살아남은 사람은 몸이 변형되어 새로운 육체를 가지게 될 것입니다.

11절의 크고 흰 보좌는 하나님의 심판대를 말합니다. 하나님은 보좌에 앉으시고, 그리스도가 그 옆에 앉아서 온 세상을 심판하실 것입니다. "땅과 하늘이 간 데 없다"는 것은, 이 세상에서 자신을 자랑하던 권력자들, 재벌들, 그리고 모든 것이 그 심판대 앞에서 아무것도 아닌 존재가 되어 두려움에 떨게 됨을 의미합니다.

12절에서 그 보좌 앞에 책들이 펴져 있다고 했습니다. 그 책들은 우리 각자가 이 세상에서 어떻게 살았는지 낱낱이 기록하고 있을 것입니다. 우리는 과거에 이런 구절을 읽을 때 '도대체 책이 얼마나 두껍기에 온 인류의 행실을 담을 수 있을까? 좀 과장된 것이 아닐까?' 하는 *의심이 들기도* 하였습니다. 그러나 오늘날 슈퍼컴퓨터, 양자 컴퓨터 등 첨단 과학기술이 발전하여 이런 일쯤은 아무것도 아닙니다.

얼마든지 과학적으로도 설명할 수 있습니다. 아마도 저와 여러분 각자가 태어날 때부터 죽을 때까지 일평생 어떻게 살았는지 동영상으로 기록되어 있을 것입니다. 그러니 이 얼마나 끔찍한 일입니까! 하나님은 그 마지막 법정에서 우리에게 증거를 들이대면서 아무런 변명도 하지 못하게 만들 것입니다. 우리는 그런 일을 하지 않았다고 변명해 보아도 소용이 없습니다. 우리 각자가 한 일들이 동영상으로 모두 기록되어 있습니다.

그러나 그 책 옆에 또 다른 책이 있는데, 그것은 어린 양 예수의 생명책입니다. 그 생명책에 기록된 사람은 천국으로 가게 될 것입니다. 그러나 그 책에 기록되지 못한 사람은 불못에 던져져서 마귀와 함께 고통 받을 것입니다.

요한계시록 20장 13~15절에 이렇게 말씀하고 있습니다.

> "바다가 그 가운데에서 죽은 자들을 내주고 또 사망과 음부도 그 가운데에서 죽은 자들을 내주매 각 사람이 자기의 행위대로 심판을 받고 사망과 음부도 불못에 던져지니 이것은 둘째 사망 곧 불못이라. 누구든지 생명책에 기록되지 못한 자는 불못에 던져지더라."

마지막 심판의 기준은 각자 자기가 행한 대로 보응 받는 것입니다. 선한 일을 한 사람은 보상을 받을 것이고, 악한 일을 한 사람은 벌을 받을 것입니다. 하나님은 공의로운 분이기 때문에 그 심판은 매우 정확할 것입니다.

그렇다면 여기서 '믿음이 아니라 행위로 구원받는 것인가?' 하는 의문이 제기됩니다. 각자 행한 대로 보응을 받는다면 행위로 구원받는다는 뜻으로 해석될 수 있습니다. 그러나 여기서 행위는 믿음을 전제로 하는 것입니다. 이것은 우리의 믿음이 행위로 나타나야 함을 강조한 것입니다. 믿었으면 믿는 그대로 행해야 하는 것이고, 행함이 없으면 그것은 믿음이 아닙니다.

오늘날 사람들은 믿기만 하면 구원을 받는다고 하는 말에 익숙해져 있는데, 이때 믿음을 올바르게 이해했다면 그 말은 맞습니다. 다시 말해서 여기서 믿음은 행함을 포함한 믿음이라고 이해하면 아무런 문제가 없습니다. 그러나 행함이 없고 머리로만 믿는 믿음이라고 이해한다면, 그것은 틀린 말입니다. 그런 사람은 절대로 구원받지 못합니다. 12절은 바로 그것을 강조하기 위하여 우리 각자가 행한 대로 심판을 받는다고 표현하고 있습니다.

이제 하나님의 생명책에 기록된 사람, 다시 말해서 어린 양 예수 그리스도를 사랑하고 그가 이끄는 대로 어디든지 가는 사람은 영원히 하나님과 함께 살게 될 것입니다. 그러나 생명책에 기록되지 못한 사람, 다시 말해서 어린 양 예수를 믿지 않은 사람은 영원한 불못에 던져져서 고통을 받을 것입니다.

그러면 천국과 지옥이 어떤 곳인가 하는 의문이 남습니다. 천국에 대하여는 계시록 21장 이하에서 상세히 묘사하고 있는데, 핵심 요지는 하나님을 모시고 어린 양 예수와 함께 영원히 사는 곳입니다. 천국은 지복을 누리는 곳인데, 우리가 하나님과 함께 살 때 그런 복을 누릴 수 있습니다. 반면에 지옥은 영원한 고통입니다. 그 고통이 너무도 극심하여 인간의 언어로 표현할 수가 없습니다. 지옥이 고통스러운 이유는 그곳에는 하나님이 계시지 않기 때문입니다. 지옥은 하나님의 자비가 완전히 끊어지는 곳입니다. 그곳에서는 기도가 응답이 안 됩니다. 아무리 살려달라고 애원해도 소용이 없습니다.

천국과 지옥에 대하여 그 이상은 잘 알지 못합니다. 또한 성경이 우리에게 상세히 말해준다고 하더라도 우리가 그것을 알아듣지 못합니다. 왜냐하면 그것은 영원한 세상에 속한 것이고 우리는 현세에 살고 있기 때문입니다. 그래서 성경은 우리가 현재 이해할 수 있는 그 정도의 수준에서 상징적인 언어로 말하고 있습니다. 확실한 것은 천국은 하나님과 영원히 사는 곳이고, 지옥은 하나님과의 관계가 완전히 단절되는 곳이라는 점입니다.

이렇게 하나님이 세상을 심판하심으로써 하나님의 공의가 이루어집니다. 우리는 가끔 "이 세상에 왜 불의가 이렇게 많으냐? 하나님이 살아 계신다면 어떻게 내게 이런 일이 있을 수 있느냐?" 하면서 불만을 갖습니다. 그러나 우리는 최후의 심판 날을 보면서 다시는 그런 말을 할 수 없게 됩니다. 그날에는 하나님의 공의가 완벽하게 실현되기 때문에 다시는 그런 말을 입에 담을 수 없습니다.

또한 그날에는 하나님의 사랑이 완벽하게 실현됩니다. 하나님은 택한 백성을 보호하십니다. 하나님의 생명책에 기록된 사람은 하나님의 완전한 사랑을 체험하게 될 것입니다. 그들은 영원히 하나님과 함께 살 것입니다.

그러므로 심판의 최종적 목표는 하나님의 공의와 사랑의 완전한 실현입니다.

3. 중간 심판에 대하여

그런데 영원한 심판에 대하여 이렇게 설명해도 실감이 잘 안 날 것입니다. 만일 그것을 실감하고 있다면, 현재 이렇게 나약하게 살지는 않을 것입니다. 내 한 몸을 불태워서 오직 하나님의 나라를 위하여 살아갈 것입니다. 여러분이 그렇게 살지 못하는 것은 그것을 실감하지 못하기 때문입니다.

그래서 하나님은 우리가 이 세상에서 살아갈 동안 중간 심판을 하십니다. 우리는 이 중간 심판을 보면서 하나님이 살아 계시고 최종 심판이 있음을 실감하게 됩니다. 중간 심판이라는 용어는 제가 지어낸 말이지만, 성경에는 이 중간 심판을 말하는 구절이 너무도 많아서 일일이 열거할 수도 없을 정도입니다. 어떤 분은 역사 속에서의 심판이라고 했습니다. 그것도 좋은 표현입니다. 중간 심판은 복과 저주를 선언하는 방식으로 표현됩니다. 하나님의 말씀에 순종하는 사람은 복을 받을 것이고 불순종하는 사람은 저주를 받을 것입니다. 그 복과 저주는 마지막 심판 날에 완전히 실현될 것이지만, 우리가 사는 현세의 삶 속에서도 이루어집니다. 역사 속에서도 이루어집니다. 그래서 이것을 역사 속의 심판 또는 중간 심판이라고도 부르는 것입니다.

출애굽기 20장 4~6절에서 하나님은 이렇게 말씀하셨습니다.

> "너를 위하여 새긴 우상을 만들지 말고 또 위로 하늘에 있는 것이나 아래로 땅에 있는 것이나 땅 아래 물 속에 있는 것의 어떤 형상도 만들지 말며 그것들에게 절하지 말며 그것들을 섬기지 말라 나 네 하나님 여호와는 질투하는 하나님인즉 나를 미워하는 자의 죄를 갚되 아버지로부터 아들에게로 삼사 대까지 이르게 하거니와 나를 사랑하고 내 계명을 지키는 자에게는 천 대까지 은혜를 베푸느니라."

여기에 복과 저주가 *선포되어 있습니다*. 하나님을 사랑하고 하나님의 계명을 지키는 사람은 천 대까지 은혜를 베푸시지만, 하나님은 우상을 숭배하는 죄를 갚되, 아버지로부터 아들에게, 삼사 대까지 이르게 한다고 말씀하셨습니다. 그 복과 저주가 역사 속에서 실현되는 것이 바로 중간 심판입니다.

신명기 28장은 복과 저주의 장으로 유명합니다. 하나님의 계명을 지키면 복을 받는 것이고 불순종하면 저주를 받습니다. 그들이 어떤 복을 받고 어떤 저주를 받는지 상세히 설명하고 있습니다. 이것을 요약해서 말하면 하나님의 계명을 지키는 사람은 들어가도 복을 받고 나가고 복을 받습니다. 그러나 하나님의 계명을 지키지 않는 사람은 들어가도 저주를 받고 나가도 저주를 받습니다. 바로 이것을 저는 중간 심판이라고 말하는 것입니다.

그런데 이 중간 심판은 우리가 보기에 즉시 시행되지 않을 수도 있습니다. 예를 들면 어떤 사람은 악을 밥 먹듯이 저지르는데, 아무 화도 입지 않고 잘 지내는 것처럼 보입니다. 예를 들면 북한의 김정은과 같은 자들입니다. 반면에 어떤 사람은 아무리 착하게 살려고 하여도 저주에서 벗어날 수 없습니다. 가난의 저주에서 벗어나지 못하고 질병의 저주에서 벗어나지 못합니다. 우리는 이런 것들 때문에 가끔 하나님이 살아 계신지 의심하게 됩니다.

그러나 우리가 긴 안목으로 역사를 보면 하나님의 공의가 반드시 실현되었습니다. 당장은 정의가 없는 것 같지만, 길게 보면 정의가 실현되었습니다. 히틀러, 스탈린, 김일성과 같은 악인들은 모두 심판을 받았습니다. 물론 김일성 가문은 아직도 건재하고 있고, 그의 손자가 북한 주민을 괴롭히고 있습니다. 그러나 그들도 이제 곧 하나님의 심판을 받아 망할 것입니다. 조금만 길게 보면 악은 심판을 받고 선을 행한 사람은 보상을 받습니다.

그래서 시편 37편 1~2절에서 "악을 행하는 자들 때문에 불평하지 말며 불의를 행하는 자들을 시기하지 말지어다. 그들은 풀과 같이 속히 베임을 당할 것이며 푸른 채소같이 쇠잔할 것임이로다"라고 말씀하셨습니다.

하나님이 복과 저주에 대한 심판을 당장 실현하지 않는 것은 여러 가지 이유가 있습니다. 악인에게는 돌이킬 기회를 주는 것이고, 선을 행하는 우리에게는 참고 견디어 마침내 주님이 주시는 복을 받도록 하기 위함입니다. 그 외에도 여러 가지 이유가 있지만, 이것을 일일이 말할 수는 없습니다. 확실한 것은 때가 되면 하나님은 반드시 악은 벌하고 선은 상을 *주신다는 사실입니다*. 현재 우리가 보기에는 그것이 *불완전해 보이지만*, 길게 보면 완전하게 *이루어지고* 있습니다. 무엇보다도 마지막 최후의 심판에서는 모든 것이 다 공정하게 밝혀집니다.

이렇게 하나님은 마지막 심판 이전에 중간 심판을 적절하게 배치해 두심으로써 악을 행하는 사람들에게 최후의 심판이 있음을 경고하십니다. 또한 예수님을 믿는 우리는 그것을 믿으면서 오늘의 고난을 이겨내는 것입니다.

이런 중간 심판은 종종 전쟁이나 재난의 형태로 나타납니다. 인류는 20세기에 들어서 제1차, 제2차 세계 대전이라는 끔찍한 전쟁의 참화를 맛보았습니다. 지금도 우크라이나와 러시아는 전쟁 중이며,

중동에서는 이스라엘과 하마스의 전쟁이 계속되고 있고, 시리아 내전 속에서 고통받는 사람들의 모습을 보고 있습니다.

그런가 하면 2025년 1월 미국 LA에서 대형 산불이 발생하여 엄청난 피해를 주었습니다. 수십 명의 인명이 희생되었고, 우리나라 서울의 4분의 1 정도가 불에 탔다고 합니다. 뉴스에서는 재산 피해만 88조 원 정도로 추정된다고 합니다. 그 불길이 어찌나 맹렬하던지 지옥의 불길과도 같았다고 합니다. 무엇보다도 유명 인사들이 사는 부자촌에도 불이 붙었습니다. 유명 배우 멜 깁슨, 앤서니 홉킨스, LA 다저스의 박찬호 선수 집도 불에 탔다고 합니다. 이제 사치와 향락에 젖어 있던 그들은 자신들이 당한 재난을 보면서 정부가 미리 조치하지 않았다고 탓하기 전에 최후의 심판이 있음을 알아야 합니다. 하나님이 한번 훅 불면 그들이 일평생 쌓아 올린 것이 한 줌의 재가 된다는 것을 깨달아야 합니다.

또한 우리는 그것을 보면서 그런 엄청난 재난을 당한 사람이 우리보다 죄가 많아서 그렇게 된 것으로 생각해서는 안 됩니다. 예수님은 우리가 그런 재난을 볼 때 우리도 회개하지 않으면 그들처럼 심판을 받아 망하게 될 것을 깨달아야 한다고 말씀하셨습니다. 그러기 때문에 우리는 그런 재난을 보면서 우리도 회개하지 않으면 그들과 같은 재난을 당한다는 경고를 받아들여야 합니다.

4. 이제 어떻게 살 것인가?

하나님이 우리에게 장래 일어날 죽은 자의 부활과 영원한 심판을 알려주시는 이유는 우리의 호기심을 채워주기 위한 것이 아닙니다. 장차 그런 일이 있을 것을 알고 미리 대비하라는 것입니다.

그러나 오늘날 사람들은 이런 진리에 대하여 외면합니다. 그것은 기독교라는 종교에서 하는 헛소리쯤으로 여깁니다. 사람들이 왜 이렇게 악해졌습니까?

그 이유에 대하여는 베드로후서 3장 3~5절은 이렇게 말합니다.

> "먼저 이것을 알지니 말세에 조롱하는 자들이 와서 자기의 정욕을 따라 행하며 조롱하여 이르되 주께서 강림하신다는 약속이 어디 있느냐 조상들이 잔 후로부터 만물이 처음 창조될 때와 같이 그냥 있다 하니 이는 하늘이 옛적부터 있는 것과 땅이 물에서 나와 물로 성립된 것도 하나님의 말씀으로 된 것을 그들이 일부러 잊으려 함이로다."

여기서 "일부러"라는 말은 의도적으로 그렇게 한다는 뜻입니다. 그들은 무엇이 진리인지에 대하여 관심이 없습니다. 그것보다 오늘 먹고 마시고 즐기는 일에만 관심이 있을 뿐입니다. 그런 사람에게 영원한 심판의 교리는 매우 기분 나쁜 것입니다. 자기들이 먹고 마시고 즐기는 데 방해가 될 뿐입니다. 그래서 이 교리가 진리인지를 묻지 않고 한사코 부인합니다.

지금 이 나라가 한탕주의로 혼란스럽습니다. 무엇보다도 정치권의 한탕주의가 무섭습니다. 어떻게 하든 정권을 잡고야 말겠다는 정치인들이 나라를 혼란하게 만듭니다. 대통령과 국회 사이에 전쟁을 불러일으켰고, 혼란하게 만들었습니다. 그 이유는 그들이 하나님의 심판을 두려워하지 않기 때문입니다.

노무현 대통령이 뇌물죄로 조사를 받다가 자살하였습니다. 그분이 서민적인 모습으로 권위주의를 청산한 공은 있지만, 자살로 이 나라의 한탕주의를 더 부추겼습니다. '정권을 잡고 부귀와 영화를 누리고 그것이 뜻대로 안 되면 자살하면 되는 거지' 하는 정서를 이 나라에 심어 놓았습니다. 그것은 모두 그가 하나님의 심판을 믿지 않기 때문입니다. 그가 자살하면서 남긴 유서에 하나님의 심판을 두려워한다는 말은 없고 죽고 나면 모든 것이 자연으로 돌아갈 뿐이다, 다시 말하면 끝나는 거라는 식으로 되어 있습니다. 결국 그것이 한탕주의를 부추겼습니다. 그가 의도한 것이든 의도하지 않았던 것이든 그렇게 되었습니다.

그러나 영원한 심판이 있습니다. 한 번 죽는 것은 사람에게 정한 것이고 그 후에는 반드시 심판이 있습니다. 간혹 예수를 믿는다고 하면서도 사랑의 하나님이 어떻게 끔찍한 지옥을 만들 수 있느냐면서 이 교리를 부정하는 사람이 있습니다. 그러나 그렇지 않습니다. 언제나 교회 안에서 문제가 되는 것은 하나님보다 더 자비로운 척하는 사람들이 있다는 것입니다. 하나님의 사랑도 정의가 있어야 합니다. 천국과 지옥이 없다면 어떻게 정의가 바로 설 수 있습니까? 누가 자식을 사랑한다고 하여 자식이 제 마음대로 하는 것을 그대로 둘 수 있습니까? 자식을 사랑한다고 하여 자식이 천륜을 배반하는 죄를 저지르는데 어떻게 가만히 있을 수 있습니까? 그런 행위를 방관하는 것은 사랑하는 것이 아닙니다. 어떻게 해서라도 매를 들어야 하고 또 그런 행위를 처벌하는 것이 다른 사람을 보호하는 것입니다.

하나님은 무질서한 분이 아닙니다. 이 세상의 악에 대하여 눈감아주시는 분이 아닙니다. 반드시 공의를 행하십니다. 십자가 사건이 바로 그것을 말합니다. 십자가는 하나님의 사랑이기도 하지만 하나님의 공의이기도 합니다. 죄를 얼마나 미워하였으면, 자기 아들을 십자가에 못 박게 하셨겠습니까? 그러나 이제 그 십자가를 믿는 사람은 사죄의 은총을 받습니다. 그래서 하나님은 십자가를 통하여 정의와 사랑을 완벽하게 보여주십니다.

이제 우리는 그것을 믿으면서 마지막 심판 날을 준비해야 합니다. 그날이 오면 하나님의 사랑과 정의가 완벽하게 실현될 것입니다. 우리는 다가오는 영원한 미래, 영원한 심판을 준비하면서 오늘을 열심히 살아야 합니다. 무엇보다도 하나님이 우리에게 주신 사명을 다해야 합니다.

주님은 고린도전서 15장 58절에서 "그러므로 내 사랑하는 형제들아, 견실하며 흔들리지 말고 항상 주의 일에 더욱 힘쓰는 자들이 되라 이는 너희 수고가 주 안에서 헛되지 않은 줄 앎이라"라고 말씀하셨습니다. 이것이 최후의 심판에 대한 주님의 당부입니다. 이 진리에 굳건히 서서 사명을 다하시기 바랍니다!

기독교 신앙의 기초

완전한 데로 나아가라

히브리서 5:12~6:2

1. 때가 되었으면 선생이 되어야 함에도

우리는 히브리서 6장에서 말하는 기독교의 기초 진리 여섯 가지를 모두 알아보았습니다. 그러나 우리가 머리로 진리를 안다는 것만으로는 의미가 없습니다. 그 진리가 우리의 삶 속에서 실제로 적용되어야 제대로 아는 것입니다. 제가 일전에 말씀드린 바가 있지요. 수험생은 문제를 익히려면 제대로 익혀야 합니다. 그렇지 않으면 수험장을 나와서 "아, 알았는데, 틀렸다"라고 후회할 수 있습니다. 그러나 그것은 아는 것이 아닙니다. 온몸이 긴장되어 얼어붙을 것 같은 수험장에서도 답이 술술 나와야 제대로 아는 것입니다. 그렇게 하려면 잘 아는 것도 계속 반복하여 완전히 몸에 배게 터득해야 합니다.

이제 오늘 본문 히브리서 5장 12절은 아는데 틀렸다고 말하는 바로 그런 사람을 두고 하는 말입니다.

> "때가 오래 되었으므로 너희가 마땅히 선생이 되었을 터인데 너희가 다시 하나님의 말씀의 초보에 대하여 누구에게서 가르침을 받아야 할 처지이니 단단한 음식은 못 먹고 젖이나 먹어야 할 자가 되었도다."

우리가 예수 믿은 지 5년이 지나고 10년이 지났으면 기독교의 기초 진리를 몸에 익혀 그것을 남에게 전할 수 있는 정도가 되어야 합니다. 현실의 삶 속에서 배운 진리를 적용하여 선한 열매를 맺어야 합니다.

이제 여러분에게 묻습니다. 여러분은 지금까지 들은 기독교의 기초 진리를 제대로 이해했습니까? 우리가 그것을 알 수 있는 것은 첫째로 그 진리를 남에게 가르치는 것이고, 둘째는 현실의 삶 속에서 비록 완전하지는 못할지라도 이 진리대로 살아나가고 있는지 살펴보는 것입니다.

예를 들면, 우리가 지난주에는 몸의 부활과 영원한 심판에 대한 교리를 배웠습니다. 여러분은 그것이 장래 어느 시점에서 실제로 일어날 일이라고 믿고 사십니까? 아니면, '아직은 잘 모르겠다. 그것은 죽어봐야 아는 것이 아니냐? 그런데 혹시라도 그런 일이 있으면 큰일 나게 되니까, 마치 보험을 든다는 마음으로 신앙생활을 하고 있다'라면 여러분은 아직도 초보를 벗어나지 못한 것입니다.

이제 5장 13~14절은 그런 분들에 대하여 이렇게 말합니다.

> "이는 젖을 먹는 자마다 의의 말씀을 경험하지 못한 자요, 단단한 음식은 장성한 자의 것이니 그들은 지각을 사용함으로 연단을 받아 선악을 분별하는 자들이라."

우리는 젖을 먹는 어린아이의 단계를 벗어나서 장성한 사람이 되어야 합니다. 그렇게 하려면, 기독교의 기본 진리를 머릿속으로 아는 것으로는 부족하고 그것이 우리의 현실의 삶 속에서 행동 원리가 되어야 합니다.

그래서 6장 1~2절은 우리가 그리스도의 도의 초보를 버리고 완전한 데로 나아가야 한다고 강조합니다.

> "그러므로 우리가 그리스도의 도의 초보를 버리고 죽은 행실을 회개함과 하나님께 대한 신앙과 세례들과 안수와 죽은 자의 부활과 영원한 심판에 관한 교훈의 터를 다시 닦지 말고 완전한 데로 나아갈지니라."

우리가 완전한 데로 나아가려면 그리스도의 도의 초보를 완전히 숙달해야 합니다. 그것을 머릿속으로 아는 것으로는 부족하고 그 진리대로 살아야 합니다. 또한 그 진리를 남에게 가르칠 수 있을 정도가 되어야 합니다. 그래서 오늘은 여섯 가지 기초 진리를 마감하면서 종합하여 정리하고, 어떻게 하면 이 진리를 우리의 삶 속에서 실제로 적용할 수 있는지, 어떻게 하면 그리스도의 도의 초보에서 벗어나 완전한 데로 나아갈 수 있는지를 알아봅니다.

2. 여섯 가지 기초 진리

다시 기독교의 기초 진리 여섯 가지를 다 함께 암송해 봅시다. 첫째는 죽은 행실을 회개함, 둘째는 하나님께 대한 신앙, 셋째는 세례들, 넷째는 안수, 다섯째는 죽은 자의 부활, 여섯째는 영원한 심판입니다. 이것을 다시 정리해 봅니다.

첫째, 죽은 행실을 회개한다는 것은 기독교의 가장 기초 진리입니다. 하나님을 믿으려고 하는 사람은 먼저 하나님 앞에서 자기 죄를 회개해야 합니다. 또한 죄를 회개한다는 것은 자신이 죄인임을 인정하는 것을 전제합니다. 자신이 죄인이라고 생각하지 않는 사람은 절대로 회개할 수 없습니다. 오늘날 사람들은 자신이 죄인이라는 사실을 거부하기 때문에 믿지 못하는 것입니다.

그런데 여기서 회개라는 것은 일시적으로 죄를 뉘우치는 것이 아니라, 죄에서 돌아서서 하나님께로 향하여 나아가는 것입니다. 죄를 짓고 나서 일시적으로 후회하는 것이 회개의 출발점이지만, 그것만으로는 부족합니다. 죄를 뼈저리게 뉘우치고 더 나아가 그 죄에서 떠나 하나님께로 가야 합니다. 그런 점에서 회개는 한 번으로 끝나는 것이 아니라 매일 계속해야 합니다. 왜냐하면, 우리 마음에는 본질적으로 하나님을 거스르는 성향이 있기 때문입니다. 이 반역적 기질 때문에 우리는 매일 죄를 짓습니다.

죄라는 것은 단순히 하나님의 율법 가운데 어떤 조항을 어겼다는 그것만 말하는 것이 아닙니다. 그렇게 율법을 범할 때 *나의 내면에는* 하나님께 반항하는 마음이 있습니다. 이것이 모든 죄의 뿌리이고, 바로 이 뿌리를 제거해야 진정한 *회개가 이루어집니다*. 그런 점에서 우리는 늘 매 시간, 매 순간 회개해야 합니다.

그렇다면 여러분에게 *묻겠습니다*. 여러분은 이 반역의 뿌리를 제거하기 위하여 진정으로 회개하고 있습니까? 매일, 매 순간 내 마음이 하나님이 아니라 세상으로 향하고 있는지를 살펴서 그것을 고치고 있습니까? 여러분이 바로 이것을 스스로 점검하여 고쳐나갈 때 회개의 진리는 여러분의 삶에 비로소 큰 변화를 일으키는 것입니다. 그렇지 않으면 아무 소용이 없습니다. 진리를 안다는 것만으로는 소용이 없습니다. 그것을 실행해야 합니다.

둘째, 하나님에 대한 신앙입니다. 믿음은 우리를 하나님과 연결하게 하는 끈입니다. 아무도 믿음이 없으면 주님을 보지 못합니다. 또한 우리는 하나님의 아들이신 예수 그리스도를 통하여 하나님을 알고 믿는 것입니다. 무엇보다도 하나님은 회개하는 사람에게는 모든 죄를 용서하시고 자녀로 받아주심을 믿어야 합니다. 또한 그의 자녀에게 베푸시는 그 풍성하신 은혜를 믿어야 합니다. 믿는 사람에게는 하나님의 자녀가 되는 권세를 주셨습니다.

이런 권세는 이론이 아니라 실제임을 믿어야 합니다. 그런 점에서 믿음은 단지 머릿속으로만 이해하는 것이 아닙니다. 믿는 대로 행해야 믿는 것입니다. 하나님이 나 같은 죄인을 받아주시고, 은혜 베푼다는 사실을 믿어야 합니다.

우리가 이것을 제대로 믿으면 이 세상에서 두려워할 일이 어디 있겠습니까? 그러나 이것을 믿지 못하니 예수 믿는다고 하면서도 온갖 두려움에 사로잡혀 있고, 행복하지 못합니다. '무엇을 먹을까, 무엇을 마실까?' 하는 염려와 근심에서 벗어나지 못합니다. 온갖 세상의 염려 때문에 우울증에 사로잡혀 있습니다. 그러므로 우리는 이런 얽매인 것을 털어버리고 믿음의 경주를 해야 합니다.

셋째, 세례들입니다. 세례에 대하여 단수로 말하지 않고 복수로 말하는 이유는 한 가지가 아니라 두 가지 이상의 세례가 있기 때문입니다. 우리는 세례라고 하면 물 세례만 알고 있는데, 성경에는 성령의 세례도 말하고 있습니다.

물 세례는 성령의 세례를 나타내는 외형적인 표지라고 보아도 무방합니다. 자신의 죄를 회개하고 예수님을 믿는 사람은 하나님의 자녀가 되었습니다. 이제 세례는 그가 하나님의 자녀가 되었다는 것을 외형적으로 나타내는 표지입니다. 그런데 세례가 단지 표지에만 그쳐서는 안 됩니다. 세례를 받는 사람의 내면에 참된 변화가 일어나야 합니다. 그의 과거가 죽고 새로운 사람으로 거듭나야 합니다. 성령의 세례는 바로 그 사람의 내면에서 일어나는 과정을 표현하는 말입니다. 예수 믿는 사람은 반드시 성령의 세례를 받아야 합니다. 아니, 좀 더 정확하게 말하면, 성령의 세례를 받아야 예수님을 믿을 수 있습니다.

어떤 70대가 된 장로님 한 분이 그런 고백을 하였습니다. "목사님, 저는 오래전부터 교회를 다녔지만, 참 나쁜 인간이었습니다. 나만 알고, 내가 최고인 줄로 알았습니다. 그런데 성령의 세례를 받고 보니 내가 정말 죄인이라는 것을 깨달았습니다. 그 이후에 저의 삶이 완전히 달라졌습니다." 예수 믿는 사람은 이런 고백이 있어야 합니다. 그러므로 우리는 세례라고 할 때 물 세례가 아니라 성령의 세례가 본질이라는 것을 알아야 합니다.

넷째, 안수입니다. 안수가 기독교의 기본진리에 속한다고 하니까 좀 의아스러울 수 있습니다. 그러나 안수는 교회의 일체성을 이루고 또한 하나님의 능력이 흘러가는 도구로 사용되기 때문에 중요한 의미가 있습니다. 사도는 자신들이 전한 복음을 계속하여 계승할 수 있도록 복음 전도자나 목사에게 안수하여 직분을 맡겼습니다. 이천 년 신약 교회의 역사는 이렇게 안수를 통하여 권위가 계승되고 원시 복음 그대로 우리에게 전달되었습니다.

또한 안수는 하나님의 능력이 흘러가는 통로입니다. 예수님은 우리에게 병든 자에게 손을 얹으면 낫는다고 말씀하셨습니다. 이것은 저와 같은 목회자만을 위한 약속이 아니고, 여러분과 같은 평신도도 할 수 있습니다.

부모는 자식을 위하여 안수 기도할 때 하나님의 복이 그의 손을 통하여 자녀에게 흘러갑니다. 여러분은 대단한 권세를 가지고 있습니다. 우리는 이런 것을 보면서 이 세상에서 하나님의 복음을 확실히 전할 수 있습니다.

다섯째, 죽은 자의 부활입니다. 육체의 부활이야말로 기독교가 이 시대에 대하여 말해줄 수 있는 강력한 소망입니다. 마지막 날에 그리스도는 이 세상에 다시 오십니다. 그때 이미 죽은 사람은 그의 육체가 부활할 것이고, 그때까지 살아남은 사람은 육체가 부활의 몸으로 변형될 것입니다.

그러나 신자의 부활과 불신자의 부활은 본질적으로 차이가 있습니다. 예수님 때문에 이 세상에서 고난을 당한 사람들은 부활의 몸으로 하나님과 함께 살면서 영원한 안식을 누릴 것입니다. 그러나 예수 그리스도를 부인하고 악을 행한 사람은 부활의 몸으로 영원한 고통 속에 들어갈 것입니다.

마지막 여섯째, 영원한 심판입니다. 우리는 모두 마지막 날에 몸이 부활하여 하나님과 예수 그리스도의 심판대 앞에 서게 될 것입니다. 선한 일을 한 사람은 상을 받을 것이고 악한 일을 한 사람은 벌을 받을 것입니다.

오늘날 사람들은 물질주의에 빠져서 내세를 부인합니다. 그러나 그런 사람들에게 무슨 소망이 있습니까? 그들이 할 수 있는 일이라고는 죽고 나면 아무것도 없는 것이니 오늘 하루라도 즐겁게 살자면서 흥청망청거리는 것뿐입니다.

그러나 예수님을 믿는 우리는 부활의 소망이 있기 때문에 오늘을 치열하게 살아가는 것입니다. 죽는 날까지 사명을 다하면서 사는 것입니다.

이제 이 여섯 가지 진리를 총체적인 관점에서 본다면, 그것은 우리의 과거, 현재. 그리고 미래에 대하여 일관성 있게 설명함을 알게 됩니다. 우리는 과거에 죄인이었습니다. 죄인이었기 때문에 하나님도 몰랐습니다. 하나님을 몰랐기 때문에 자기만 최고인 줄로 알았습니다. 그런 상태에서 인생의 의미도 모르는 채 오늘 하루를 살아가기에만 급급하였습니다. 그러나 이제 죄를 회개하고 예수님을 믿고 나니 사람이 달라졌습니다. 하나님은 그 사람에게 성령을 부으시고, 안수를 통하여 필요한 모든 것을 공급하십니다. 또한 그 사람은 이 세상에서 고난을 당하더라도, 장래에 소망이 있습니다. 언젠가 몸이 부활하여 예수님과 함께 살아갈 꿈이 있습니다. 그는 이 세상에서는 주님이 주신 소명을 다하면서 살아갈 것입니다. 마지못해서 사는 것이 아닙니다. 소명에 불을 태우면서 살아갈 것입니다.

오늘날 사람들은 내러티브 또는 스토리텔링을 좋아합니다. 진리를 분석적으로 설명하기보다는 이야기 속에 담아서 전달하면 쉽게 머릿속에 각인될 수 있습니다. 그런 점에서 우리가 믿는 예수교에는 참된 스토리가 있습니다. 우리는 죄인으로 태어나서 예수님을 믿어 하나님의 자녀가 되고, 그리고 마지막 날에는 몸이 부활하여 하나님과 함께 영원히 살게 될 것입니다. 그러나 믿지 않는 사람은 죄인으로 살다가 고통을 받고 심판 날에는 더욱 고통을 받을 것입니다. 마귀와 그를 따르는 무리와 함께 영원한 고통을 받게 될 것입니다. 이것이 우리의 스토리이고, 우리의 간증입니다.

이제 히브리서 6장 2절은 우리가 이렇게 기독교의 기초 진리를 알았다면 그 초보에서 벗어나서 보다 완전한 데로 나아가라고 말합니다. 이제 우리의 관심은 완전한 데로 나아가는 것입니다.

3. 완전한 데로 나아가라!

그렇다면 우리는 어떻게 하면 더욱 완전한 데로 나아갈 수 있습니까? 여기서 '완전한 데'란 무엇을 말하는지를 알아야 하는데, 먼저 히브리서가 기록된 배경에 대하여 알 필요가 있습니다.

히브리서는 초대 교회 당시 주로 박해를 받는 유대인 그리스도인을 위하여 기록되었습니다. 예수님은 이 지상에서 살 때 그들과 함께 살았고, 그들은 예수님의 십자가와 부활 사건을 자신들의 눈으로 직접 목격하였습니다. 그런 점에서 그들은 다른 어떤 민족보다 믿기에 유리한 조건이었습니다. 실제로 초기 기독교는 유대인 출신 그리스도인으로 구성되었습니다. 우리는 그들의 신앙 열정이 얼마나 대단했는지 사도행전을 통하여 잘 압니다.

그러나 날이 갈수록 박해가 점점 더욱 심해집니다. 그들은 초기부터 같은 동족 사람인 유대인들로부터 공격을 받았습니다. 이 점에 관하여 우리는 사도 바울이 가는 곳마다 얼마나 심한 박해를 받았는지 잘 압니다. 그러나 교회는 그런 유대인의 박해를 극복하고 힘있게 복음을 전했습니다. 그 결과로 로마 제국 전역에 복음이 급속도로 확산되었습니다.

그러자 이번에는 유대인이 아니라 이방 사람들로부터 박해가 시작되었습니다. 원래 기독교 초기에는 로마 제국이 그리스도인을 심하게 박해하지 않았습니다. 사도행전의 기록을 보더라도 오히려 호의적인 로마인들도 더러 있었습니다. 그러나 네로가 왕위에 오른 이후인 A.D. 60년대부터 대대적인 박해가 시작되었습니다. 그들은 단지 예수 믿는다는 이유 하나 때문에 직장에서 쫓겨납니다. 사회적으로 차별과 멸시를 받습니다. 요즘 말로 하면 취직이 안 되는 것입니다. 시간이 갈수록 박해는 더욱 심해지고 마침내 그들은 목숨을 위협받는 상황에 이르렀습니다. 예수를 부인하지 않으면 원형 경기장에 끌려가 맹수의 밥이 되어야 했습니다. 그런 상황에서 지치지 않을 사람이 누가 있겠습니까? 자신들이 목격한 예수의 부활조차도 내가 환상을 본 것이 아닌가 의심하게 되는 그런 상태에 이르게 되었습니다.

히브리서는 바로 이런 극한 상황에 있는 유대인 그리스도인을 위하여 기록되었습니다. 그들이 기독교의 기초 진리를 잘 알고 있다면 어떠한 상황에서도 흔들리지 않을 것입니다. 오히려 그리스도인임을 자랑스럽게 여길 것입니다. 심지어 순교의 자리라도 기꺼이 나아갈 것입니다.

이제 히브리서 6장 2절의 완전한 데로 나아가라는 말은 바로 그것을 두고 하는 말입니다. 그들이 평소에 여섯 가지 기초 진리를 _알고 있었다면_, 이 모든 상황을 _이겨낼 수 있었을 것입니다_. 불같은 시험을 이겨낼 것입니다.

이제 이것을 생각하면서 히브리서 12장 1~3절을 봅니다.

"이러므로 우리에게 구름같이 둘러싼 허다한 증인들이 있으니 모든 무거운 것과 얽매이기 쉬운 죄를 벗어 버리고 인내로써 우리 앞에 당한 경주를 하며 믿음의 주요 또 온전하게 하시는 이인 예수를 바라보자. 그는 그 앞에 있는 기쁨을 위하여 십자가를 참으사 부끄러움을 개의치 아니하시더니 하나님 보좌 우편에 앉으셨느니라. 너희가 피곤하여 낙심하지 않기 위하여 죄인들이 이같이 자기에게 거역한 일을 참으신 이를 생각하라."

히브리서 11장은 믿음의 영웅들에 대한 이야기입니다. 그들이 당한 고난을 생각한다면, 성도들이 세상에서 당하는 고난은 아무것도 아닙니다. 그래서 1절에서는 우리에게는 구름과 같이 허다한 증인들이 많다고 격려합니다.

그들이 달려간 목표는 오직 하나님입니다. 그들은 모두 예수님을 향하여 달려갔습니다. 그들은 모두 예수님처럼 살기를 원했고, 또 그렇게 살았습니다. 예수가 우리를 위하여 자기 몸을 내어주었듯이 그렇게 살기를 원했습니다.

그러므로 우리의 목표는 예수님입니다. 이 세상에 완전한 분은 오직 예수님뿐이며, 우리는 언제나 예수님을 목표로 하여 마치 올림픽 경기에 출전한 선수들이 경기를 하듯 달려가야 합니다. 그러나 그 길은 결코 쉬운 것이 아닙니다. 우리 앞에 온갖 세상의 유혹이 도사리고 있고, 또 장애물이 있습니다. 그것은 또한 단거리 경기가 아니라 마라톤과 같은 장거리 경기입니다. 아니, 일평생을 거쳐 죽을 때까지 달려야 할 매우 긴 경기입니다. 그런 경기에 나선 사람은 짐을

무겁게 해서는 안 됩니다. 이 세상에 미련을 두어서도 안 됩니다.

오직 예수를 바라보고 달려야 합니다. 그분은 자기 앞에 있는 승리의 상을 위하여 그 부끄러운 십자가를 견디어 내셨습니다. 마침내 하나님은 그에게 승리의 면류관을 씌워주셨습니다. 그분은 무덤에서 부활하셨고, 지금은 하나님 보좌 우편에 앉아 계시면서 만민을 심판하십니다. 예수님은 이 상을 위하여 모든 부끄러움을 참아내셨습니다.

예수님이 그렇게 하셨다면 우리도 마땅히 그렇게 해야 합니다. 더구나 우리 앞에는 믿음의 선배들이 있습니다. 그들은 그 상을 위하여 피를 흘리기까지 하였습니다. 그것을 생각하면, 우리가 당하는 고난은 아무것도 아닙니다.

히브리서 12장 22~24절은 우리의 현재 상태와 장차 이루어질 모습을 이렇게 말합니다.

> "그러나 너희가 이른 곳은 시온 산과 살아 계신 하나님의 도성인 하늘의 예루살렘과 천만 천사와 하늘에 기록된 장자들의 모임과 교회와 만민의 심판자이신 하나님과 및 온전하게 된 의인의 영들과 새 언약의 중보자이신 예수와 및 아벨의 피보다 더 나은 것을 말하는 뿌린 피니라."

우리가 예수님을 믿어서 하나님의 자녀가 되었을 때 우리는 이미 하늘의 도성인 하늘의 예루살렘에 들어간 것입니다. 아직 목표에 도달한 것은 아니지만, 그 하늘에 있는 하나님의 성에 발을 들여다 놓은 것입니다. 그곳에는 수천수만의 천사가 있습니다. 23절에서는 장자들의 모임이 그곳에 있다고 했습니다. 지금은 상속에 있어서 아들 사이에 구분이 없지만, 옛날에는 장자들에게는 더 많은 지분을 주었습니다. 장자들에게는 특권이 있었습니다. 그와 같이 예수를 믿는 특권층인 장자들의 총회에 가입한 것입니다.

저는 이 구절을 읽을 때마다 가슴이 벌렁거립니다. 어떤 때에는 너무도 황홀하여 저를 압도할 그런 느낌도 받습니다. 그것을 기쁨이라고 표현하기에는 너무도 약합니다. 내가 지금 당하고 있는 고난은 장차 받을 영광에 비하면 아무것도 아닙니다. 우리는 그것을 생각하면서 오늘의 고난을 참아내는 것입니다.

히브리서 12장 26~29절 "그 때에는 그 소리가 땅을 진동하였거니와 이제는 약속하여 이르시되 내가 또 한 번 땅만 아니라 하늘도 진동하리라 하셨느니라. 이 또 한 번이라 하심은 진동하지 아니하는 것을 영존하게 하기 위하여 진동할 것들 곧 만드신 것들이 변동될 것을 나타내심이라. 그러므로 우리가 흔들리지 않는 나라를 받았은즉 은혜를 받자. 이로 말미암아 경건함과 두려움으로 하나님을 기쁘시게 섬길지니 우리 하나님은 소멸하는 불이심이라!"

마지막 날에는 하늘과 땅이 모두 흔들릴 것입니다. 그렇게 흔들리면 이 세상에서 자랑하던 모든 것들은 다 떨어질 것입니다. 이 세상의 정치 권력자, 재벌, 자기를 뽐내는 연예인들, 명성을 추구하는 명망가, 자기의 지식을 자랑하는 철학자들, 남의 뒤를 등쳐먹는 못된 인간들은 다 떨어져 나갈 것입니다.

그러나 우리는 흔들리지 않는 나라를 상속받았습니다. 우리는 이 나라에 들어가는 은혜를 받았습니다. 하지만 그것으로 그쳐서는 안 됩니다. 이 나라에 머물러 있어야 하고, 더 나아가 이 나라 안으로 더 들어가야 합니다. 아니, 우리가 상속받은 그 나라를 현재의 실재로 만들어야 합니다.

그래서 히브리서 13장 12~15절은 이렇게 말합니다.

> "그러므로 예수도 자기 피로써 백성을 거룩하게 하려고 성문 밖에서 고난을 받으셨느니라. 그런즉 우리도 그의 치욕을 짊어지고 영문 밖으로 그에게 나아가자. 우리가 여기에는 영구한 도성이 없으므로 장차 올 것을 찾나니 그러므로 우리는 예수로 말미암아 항상 찬송의 제사를 하나님께 드리자. 이는 그 이름을 증언하는 입술의 열매니라."

예수님은 우리를 깨끗하게 하려고 골고다 언덕에 올라가서 십자가를 지셨습니다. 예수님이 그렇게 하셨다면 우리도 그렇게 해야 합니다. 이 세상에는 영원한 것이 없습니다. 아니, 이 세상은 멸망을 받을 것입니다. 우리가 이 세상에서 가져갈 것은 아무것도 없습니다.

그러나 우리에게는 영원한 나라가 있습니다. 우리는 *흔들리지* 않는 나라를 상속받았습니다. 이런 우리가 해야 할 일이 있습니다. 그것은 예수를 증거하는 것입니다. 아직도 믿지 않는 사람에게 이 망할 세상에서 벗어나서 영원한 나라를 함께 상속받도록 초청하는 것입니다. 이것이 우리의 사명입니다.

하나님은 우리가 예수를 증언하는 입술의 열매를 매우 기뻐하십니다. 여기서 입술의 열매는 입만 달싹거리면서 말하는 그런 것이 아닙니다. 우리의 온몸으로 증인답게 살면서 우리의 말로 예수를 증언하는 것입니다. 그러나 우리가 어떻게 우리 힘으로 그런 것을 할 수 있겠습니까? 그러므로 우리가 은혜를 받아야 합니다. 성령을 받아야 합니다. 은혜를 받으면 십자가를 지는 것이고 받지 못하면 십자가를 지지 못합니다. 하나님의 은혜가 우리를 강권합니다. 이 험한 세상에서 주님의 십자가를 바라보면서 나아가게 만듭니다. 하나님은 성령을 우리에게 부어주셔서 그런 일을 가능하게 합니다.

그렇다면, 이제 마지막으로 우리가 어떻게 하면 하나님의 은혜를 계속하여 공급받을 수 있습니까? 여기에 대하여는 여러 가지가 있겠지만, 성경은 두 가지의 통로를 말하고 있습니다. 첫째는 하나님의 말씀이고 둘째는 기도입니다. 이제 저는 기독교의 기초 진리 시리즈를 마치면서 이 두 가지, 하나님의 말씀과 기도에 대하여 강조하고

자 합니다.

첫째, 하나님의 말씀은 은혜의 가장 기본적인 통로입니다. 하나님은 그분의 말씀을 통하여 우리에게 은혜를 베푸십니다. 그러므로 말씀 곧 성경을 통하지 않으면서 은혜를 받았다고 하는 사람은 일단 의심해야 합니다. 물론 특수한 상황 속에서 하나님은 성경을 통하지 않고서도 은혜를 베풀 수 있습니다. 예를 들면 북한과 같이 성경을 볼 수 없는 곳에서는 꿈이나 환상을 보여주시면서 은혜를 베풀 수 있습니다. 그러나 그런 것들은 불완전합니다. 언제나 성경을 통하여 오는 계시가 가장 정확하고 바람직합니다. 오늘날 한국 교회가 약해진 것도 말씀을 *등한시했기* 때문입니다. 한국 교회는 기도를 많이 하기로 소문이 났지만, 말씀을 잘 읽지 않습니다. 그것이 병폐입니다.

그런데 말씀을 읽는 것에는 전통적으로 두 가지 종류가 있습니다. 첫째는 통독이고, 둘째는 묵상 또는 큐티입니다. 두 가지 모두 교회의 전통 속에 있는 것이고 서로 장단점이 있어서 어느 것이 좋다고 말하기 어렵습니다. 그러나 저는 우리 교회에서 통독 또는 정독을 강조하였습니다. 큐티는 성경의 말씀을 전체적으로 보지 못하는 단점이 있기 때문입니다. 성경의 문맥과 동떨어져서 특정 구절만 가지고 내게 주신 말씀이라고 착각하게 만듭니다. 그렇다고 해서 큐티로 부흥한 교회를 폄하할 생각은 없습니다. 그것도 좋은 방법이지만, 조심해야 한다는 뜻입니다. 큐티를 원하고, 또 큐티를 오랫동안

해 오신 분들은 그런 점을 조심하면서 계속하시기를 바랍니다.

저는 우리 성도님들이 1년에 한 번은 성경을 완독했으면 좋겠습니다. 하루에 세 장 또는 네 장을 읽으면 완독할 수 있습니다. 참으로 감사한 것은 신년부터 김영신 선교사님이 통독 카톡 그룹을 만들었다는 점입니다. 지금 많은 분이 열심히 참여하고 있는데, 정말 감사합니다. 아직 가입하지 않으신 분은 김영신 선교사님께 가입을 신청하시기 바랍니다. 제가 바라는 것은 이것이 작심삼일에 그치지 말고 연말까지 지속되어 완주하는 것입니다.

둘째, 기도입니다. 제 경험으로는 성경 읽기보다는 기도가 더 어렵습니다. 성경을 읽는 것은 그래도 습관을 들이면 재미가 있어서 할 만합니다. 어떤 분은 성경을 이스라엘 무협지라고 표현했는데, 무협지보다 더 재미있습니다. 제가 젊었을 때 무협지를 많이 읽어보아서 잘 아는데, 무협지는 처음 읽으면 흥미가 있지만, 몇 권을 읽다가 보면 재미가 없습니다. 왜냐하면 스토리의 전개가 너무도 뻔하기 때문입니다. 더 안 봐도 압니다. 그러나 성경은 읽으면 읽을수록 재미있습니다. 읽으면 읽을수록 전에 몰랐던 내용이 다시 새롭게 이해되고 생명의 양식이 됩니다.

그러나 기도는 그렇지 않습니다. 처음 하는 것도 어렵지만, 가면 갈수록 더 어렵습니다. 처음 기도할 때 3분 정도 기도하면 더 할 말이 없지요. 초신자가 기도를 10분 넘기는 것은 정말 고통스러운 일일 것입니다. 했던 말을 반복하고 또 반복해야 겨우 10분을 넘길 수 있을 것입니다. 그러나 그렇게라도 하시기 바랍니다. 차츰 기도하는 습관을 들이고 기도의 시간을 늘리면 하나님과 교제하는 영적 즐거움이 무엇인지를 알게 될 것입니다. 그러는 사이에 여러분은 말씀과 기도로 영적 성장을 하게 됩니다.

저는 평신도는 하루 한 시간 이상 기도와 말씀의 시간이 있어야 하고 교역자는 두 시간 이상, 담임 목사는 세 시간 이상이 있어야 한다고 생각하고 있습니다. 제 자랑 같아서 말씀드리기가 쑥스럽지만, 저는 하루 한 시간 정도 성경을 읽고 세 시간 이상 기도합니다. 물론 처음부터 그렇게 하지는 않았습니다. 그러나 여러 고난을 통하여 경건의 시간을 차츰 늘려갔습니다. 이렇게 7년 이상을 힘쓰니까 영력이 생김을 저 자신이 느낍니다. 설교를 준비할 때 하나님은 말씀을 깨닫게 하시고 은혜를 계속 공급해 주십니다. 또 실제로 설교를 할 때는 어느 때보다 강한 확신과 담대한 마음으로 하게 됩니다.

성경 읽기와 기도를 통하여 받은 은혜가 참 많습니다. 목회만 그런 것이 아니고, 저의 개인의 삶에도 많은 변화가 있었습니다. 그것을 일일이 말하기에는 시간이 부족합니다. 성경 읽기와 기도에 힘써, 영적인 성장을 이루시기를 주님의 이름으로 부탁드립니다.

기독교 신앙의 여섯 가지 기초

1판 1쇄 인쇄 _ 2025년 4월 25일
1판 1쇄 발행 _ 2025년 4월 30일

지은이 _ 심동섭
펴낸이 _ 이형규
펴낸곳 _ 쿰란출판사

주소 _ 서울특별시 종로구 이화장길 6
편집부 _ 745-1007, 745-1301~2, 747-1212, 743-1300
영업부 _ 747-1004, FAX 745-8490
본사평생전화번호 _ 0502-756-1004
홈페이지 _ http://www.qumran.co.kr
E-mail _ qrbooks@daum.net / qrbooks@gmail.com
한글인터넷주소 _ 쿰란, 쿰란출판사
페이스북 _ www.facebook.com/qumranpeople
인스타그램 _ www.instagram.com/qrbooks
등록 _ 제1-670호(1988.2.27)
책임교열 _

© 심동섭 2025 ISBN 979-11-94464-54-9 93230

책값은 뒤표지에 있습니다.
이 출판물은 저작권법에 의해 보호를 받는 저작물이므로 무단 복제할 수 없습니다.
파본(破本)은 구입처에서 교환해 드립니다.